GUIDE
OFFICIEL

TRAOÑIENN AR SENT

D1731567

*« [...] C'est que les saints, avant d'accéder à l'immortalité
en récompense de leurs vertus, ont d'abord
vécu des vies d'hommes. Ils ont connu
toutes les faiblesses de l'humaine nature [...] »*

Per Jakez Hélias

SOMMAIRE

CES SAINTS, NOS HÉROS !

« Les pays qui n'ont pas de légendes sont condamnés à mourir de froid. »

Patrice de la Tour du Pin

Des légendes, des contes, des traditions, il en fleurit chaque été dans la Vallée des Saints au point de composer un bouquet de récits merveilleux, quasi unique au monde ! Ces légendes, les visiteurs – plus de 100 000 par an ! – les connaissaient déjà pour la plupart, mais en avaient perdu la saveur. La « matière » de Bretagne est là, si riche, si diverse, presque innombrable, ramassée en plusieurs dizaines – bientôt plusieurs centaines – de statues-menhirs.

Ces statues de nos vieux saints ne sont pas muettes. Elles nous parlent, directement à l'imagination ou par la verve des conteurs. Et très bientôt par la magie des nouvelles technologies puisqu'une simple application sur nos supports numériques suffira à déclencher les voix de ces géants de pierre...

Ces statues nous parlent de la Bretagne, bien sûr, et tout d'abord de sa Légende Dorée, autrement de l'Histoire des Saints qui, du Ve au VIIe siècle, l'ont évangélisée. Ces vies de saints, conservées et embellies au fil des siècles, ne sont autres que les mythes de fondation de nos paroisses devenues nos communes. Elles sont notre mémoire lointaine.

Elles nous parlent :

« du temps où l'on bâtissait les forêts,
du temps où chaque fleur nouvelle-née recevait
des hommes le sel du langage,
...du temps où cette terre était hantée
d'un peuple solennel » (Paol Keineg *)

Mais ces mythes de Bretagne parlent aussi, et surtout, une langue universelle. Les épopées de nos moines boat-people affrontant la Manche sur leurs auges de pierre, à l'orée du Moyen-Age mérovingien, nourrissent une odyssée celtique. Princes et princesses, héros blessés ou capturés, fous, amants, aventuriers, victimes... la galerie de personnages ressuscités aujourd'hui au pied de la colline de Carnoët est prodigieuse. Le peuple breton a été co-auteur de leurs aventures. Mais c'est un même scénario qui s'est imposé, se frayant un chemin dans ces récits poétiques et pittoresques. Ces vies de saints représentaient alors le royaume du possible. Brieuc, Thélo, Budoc, Paul Aurélien ou Corentin et tous les autres... Ils n'incarnent rien d'autre que la volonté de surmonter tous les obstacles pour parvenir à un but. Nos héros de Bretagne qui se débattent dans la nuit noire de l'âme réalisent de grandes choses pour leur peuple.

AR SENT-SE, HON HAROZED !

« Kondaonet eo ar brioù divojenn da vervel diwar yenijenn. »
Patrice de la Tour du Pin

Mojennoù, kontadennoù, hengounioù... bleuniañ a reont bep hañv e Traoñienn ar Sent betek mont d'ober ur bokedad marvailhoù ha na gaver tost neblec'h all er bed ! Ar weladennerien – en tu-hont da 100.000 ar bloaz ! – a anavez ar mojennoù-se peurvuiañ. Kollet o devoa ar saour anezho avat. Aze emañ « danvez » Breizh, ken pinvidik, ken liesseurt, harz ebet dezhañ pe dost, paket e meur a zegad – meur a gantad hepdale – a zelwennoù-peulvanoù.

An delwennoù-se eus hor sent kozh n'int ket mut. Komz a reont deomp, war-eeun dre hor faltazi pe dre awen ar gonterien. Ha prestik dre hudouriezh an teknologiezhioù nevez pa vo gallet lakaat ar ramzed maen-se da gomz dre un arload war hor skoroù niverel...

Eus Breizh e komz deomp an delwennoù-se, evel-just, hag eus he Mojenn Aour, da lavaret eo buhez ar sent a oa bet oc'h avielañ ar vro etre ar V^{vet} hag ar VII^{vet} kantved. Ar buhezioù sent-se, bet miret ha kaeraet a-hed ar c'hantvedoù, n'int nemet gwengeloù diazez hor parrezioù deuet da vezañ hor c'humunioù. Hor memor eus antremened pell ez int.

Komz a reont deomp :

« du temps où l'on bâtissait les forêts,
du temps où chaque fleur nouvelle-née recevait
des hommes le sel du langage,
...du temps où cette terre était hantée
d'un peuple solennel » (Paol Keineg *)

Hogen e komz gwengeloù Breizh ivez, ha dreist-holl, ur yezh hollvedel. Gant gwerz-veur hor menec'h boat-people o stourm ouzh Mor Breizh en o lao*ue*rioù maen, e deroù ar Grennamzer verovingat, e vez maget un im.am keltiek. Priñsed ha priñsezed, harozed gloazet pe paket, folled, amourouzien, klaskerien-chañs, reuzidi... dibar eo an dibab tudennoù degaset a varv da vev hiziv an deiz e-harz torgenn Karnoed. Kensaver o avanturioù eo pobl Breizh. Ar memes senario a zo bet trec'h avat, o kavout e hent

Philippe Abjean (marteau baissé), président de l'Association, inaugure le site le 19 mai 2012 en compagnie de Michel Morin, vice-président du Conseil régional de Bretagne.

Et ils nous interpellent ! À certains moments, dans notre vie, nous avons tous envie d'être des héros et nous sommes tous le héros de notre propre existence. Les récits héroïques nous captivent et nous poussent à vouloir en imiter la trame. Ils nous incitent à nous transformer. Leur histoire nous transmet un code secret grâce auquel nous apprenons à changer.

Dans toutes les cultures, les légendes ont un pouvoir de guérison. Le besoin d'entendre des histoires est universel, de même que leur capacité à changer nos vies. C'est pourquoi, par centaines désormais chaque année, les cars d'excursionnistes répondent à l'invitation des guides-conteurs de la Vallée des Saints. Et les visiteurs se pressent, toujours plus nombreux, pour écouter la belle histoire de saint Brendan sur sa baleine, de saint Hervé et de son loup apprivoisé, de sainte Gwenn, la prodigue aux trois seins...

Amis de passage, soyez attentifs à la parole du conteur ! Ces histoires merveilleuses sont un trésor. Récits d'hommes et de femmes qui se sont surpassés, ils sont la pierre philosophale, le talisman magique qui contient le mystère de nos transformations.

Philippe Abjean,
Président fondateur

en danevelloù barzhoniel ha livus. Rouantelezh ar gallus a oa eus ar buhezioù sent-se da neuze. Brieg, Telo, Budog, Paol Aorelian pe Kaourantin hag an holl re all... N'int nemet skeudenn ar youl da vezañ trec'h war an holl skoilhoù da dizhout ur pal. Hon harozed a Vreizh o tispac'hañ e noz du-dall an ene a gas traoù meur da benn evit o fobl.

Hag e lakaont ac'hanomp d'en em soñjal ! Da vareoù zo, en hor buhez, hor bez holl c'hoant da vezañ harozed hag holl ez omp haroz hor buhez deomp-ni. Dedennet omp gant an danevelloù harozed ha c'hoant hor bez d'o drevezañ. Broudañ a reont ac'hanomp da cheñch. Dre o istor e vez treuzkaset ur c'hod kuzh deomp hag a zesk deomp penaos cheñch. Ur galloud pareañ zo gant ar mojennoù en holl sevenadurioù. An ezhomm klevet istorioù a gaver dre-holl, kenkoulz hag o barregezh da cheñch hor buhezioù. Setu perak, a gantadoù bep bloaz hivizikin, en em gav karradoù-boutin baleadennerien gant heñcherien-konterien Traoñienn ar Sent. Ha niverusoc'h-niverusañ e vez bepred ar weladennerien evit selaou istor kaer sant Brendan war e valum, sant Herve hag e vleiz doñvaet, santez Gwenn he zeir bronn...

Mignoned o tremen, selaouit mat komzoù ar c'honter ! Un teñzor eo an istorioù marvailhus-mañ. Danevelloù paotred ha merc'hed bet graet ganto traoù dreistordinal int. Ar maen filizofel, an tilsam hud a gaver enno kevrin hon treuzfurmadurioù int.

Philippe Abjean,
Prezidant-diazezer

(*) *Hommes liges des talus en transes*

UNE ÉQUIPE DE SCULPTEURS RÉUNIS POUR UN MÊME PROJET

JACQUES DUMAS

« Ma passion de la sculpture est née de mon attirance pour la pierre et ma sensibilité aux contours et aux formes.

C'est à l'aide de matériaux solides (principalement la pierre) que j'ai l'impression de m'exprimer le mieux, de traduire le plus fidèlement certains de mes sentiments et de mes désirs.

J'aime les ambiguïtés, jouer avec la lumière et la forme, la masse et le volume ou entre le volume et l'espace.

Je m'efforce non seulement d'exprimer mes propres sentiments et émotions pour une satisfaction personnelle, mais aussi pour les communiquer à mes semblables.

La sculpture est un art public. »

INÈS FERREIRA

« Quand la poussière retombe, l'œuvre est là, monolithe inutile, dans une personnalité d'échos qui nous renvoient au plus profond de nos interrogations.

Associée à ce projet hors du temps présent, Inès Ferreira, formée dans le marbre et le Lioz portugais, articule tout son être d'artiste à une réalité minérale indomptée ; la myriade des petits éclats de lumière, qu'un ultime polissage délivre, chante alors cette douceur que la pulpe des doigts entend...»

C. Bechade

GOULVEN JAOUEN

« Depuis enfant, je suis passionné par l'architecture religieuse de tous horizons, puis le temps a fait que le nombre de mes passions n'a cessé de croître ; enfin pour aboutir à la sculpture, un moyen de raconter les histoires de mon cerveau tout en alliant le volume de l'architecture. L'attirance pour la pierre est liée à l'éternité de ce matériau. Il est magique de se dire que ces rochers sculptés perdureront beaucoup plus longtemps que soi-même, que ces créations sont dans une autre échelle de temps. De par mon jeune âge, mon apprentissage évolue perpétuellement dans les techniques employées, grâce au partage avec les autres, les différentes cultures rencontrées et l'observation de la nature. Grand rêveur, il me plaît de m'imaginer comme un petit chaman se battant contre une fractale. »

Commune : Pedernec (22)
Site internet :
jackdumas.blogspot.com
MySpace :
www.myspace.com/
zontmaltournedecales

Commune : Tréflez (29)
Site internet : http://
inesferreira.wordpress.com
E-mail :
minesferreira@gmail.com
Tél. : 06 02 22 15 85

Commune : Logonna-Daoulas (29)
Site internet : http://
goulvenjaouen.wordpress.com
E-mail :
louarnjaouen@yahoo.fr
Tél. : 06 83 28 03 00

CHRISTOPHE ANTOINE, DIT KITO

« Il m'est difficile de vous narrer ma passion, il faut simplement la vivre de tout son cœur. J'ai commencé à sculpter à l'âge de quatre, cinq ans, le bois d'abord, puis la pierre à l'âge de douze ans, et depuis, j'éprouve toujours le même bonheur à la création. Chaque étincelle de départ provoque une aventure, une histoire à vivre intensément, et si on se sent seul au tout début, on ne le reste pas très longtemps. Le bloc ,inerte au départ, devient vite une présence ; un dialogue naît peu à peu entre nous deux jusqu'à ce mot "au revoir". L'œuvre a grandi, elle peut vivre par elle-même et n'a plus besoin de vous. C'est à la fois une grande joie et un pincement au cœur.
Ainsi va la vie... »

NORBERT LE GALL

Presqu'île de Plougastel
La mer sculpte la falaise
Le vent tord les arbres
Et comme une évidence
Au bord du chemin,
L'œuvre de l'homme
Célèbre ou inconnu,
Peu importe
Le temps s'arrête
Le corps souffre
L'esprit se libère
Et la forme émerge
de sa gangue de bois,
de pierre...

« Nous donc, sculptons avec le ciseau des pensées, le bloc vierge du beau. »
Verlaine

Norbert Le Gall, Compagnon passionné des créateurs de rêve.

PATRICE LE GUEN

Patrice vit au rythme de ce monde de la mer, enraciné dans la Bretagne de ses origines. Très jeune, il sent naître en lui cette âme d'artiste et découvre l'art. Étudiant la forme dans la nature, une évolution se dessine. Durant un an, il devient assistant du sculpteur japonais Tetsuo Harada. Il affectionne les rencontres autour du monumental dont certaines œuvres sont érigées en France : Saint-Jean-d'Aulps, Saint-Etienne, Combourg, Cavan, et à l'étranger : Canada, Italie, Inde. Aujourd'hui, il continue à créer dans son atelier au Dossen (29) et donne naissance à des œuvres de matières et techniques différentes. Toutes ces années lui ont permis de dévoiler son travail de sculpteur et de peintre et obtenir des commandes, publiques et privées.

Commune : Plouezec (22)
Site internet :
www. kito-antoine.com
E-mail :kitoantoine@orange.fr
Tél. : 06 68 21 86 00
        ou 02 96 20 68 36

Commune : Brest (29)

E-mail :
norbertlegall@gmail.com

Tél. : 06 72 71 14 20

Commune : Santec (29)

Site internet :
http://www.sculpteurs.org/
perso-186-patrice-le-guen.html

E-mail : plg.sculpteur@free.fr

FABRICE LENTZ

Né en 1958, tailleur de pierre de formation (granit), sculpteur autodidacte. Quand il a appris la taille, il a voulu tout de suite toucher à la sculpture pour satisfaire une démarche personnelle. Il puise alors son inspiration dans le végétal et les motifs kuldé. Il reste fasciné par la spirale, symbole de "l'espace-temps", du "micro et macro", par les formes rondes et douces qui vont si bien aux roches magmatiques du massif armoricain... Depuis quelque temps, Fabrice Lentz revient à ses sujets figuratifs inspirés par la légende de la mort d'Anatole Le Braz, la danse, le bateau ou bien les animaux. Fabrice Lentz préfère le titre d'artisan à celui d'artiste, qui montre bien que le savoir faire compte avant tout, et privilégie l'esthétique sur le concept.

PHILIPPE LEOST

« Sculpter pour La Vallée des Saints est pour moi l'occasion de rejoindre "pour l'éternité" Patrice Le Guen et Bruno Panas, qui m'ont transmis leur savoir-faire et leur passion. L'occasion aussi de sortir de l'isolement de l'atelier, pour un projet inédit et puissant, procurant de belles rencontres. »

OLIVIER LÉVÊQUE

Sculpteur autodidacte qui, au travers d'un amalgame de matières choisies pour leurs qualités plastiques, cherche à mettre en évidence une vision interne, cette autre fréquence. Volontiers abstrait (ce qui n'exclut ni la fantaisie, ni la poésie), l'objet portant toute sa charge émotionnelle s'ouvre à d'autres espaces, autres lieux. Exposition au Transfo à Morlaix... galerie du Rayon Vert à Wimereux (Pas-de-Calais)... au salon "Grands et jeunes d'aujourd'hui", quai Branly à Paris... parc de sculptures à Bussières... et participe à plusieurs symposiums de sculpture (Lanhélin, Châteauneuf-du-Faou, Bazouges-la-Pérouze...).

Commune : Saint-Fiacre (22)

Site internet :
www.academiedutaureau.fr

Tél. : 02 96 21 40 89

Commune : Brest (29)

E-mail :
leostphilippe@orange.fr

Tél. : 02 98 01 45 93

Commune :
Pléneuf-Val-André (22)
E-mail :
leveque.olivieretlouisanne@neuf.fr
Tél. : 02 96 63 10 39

BRUNO PANAS

Union harmonieuse
d'une spiritualité solaire,
humaniste et d'un amour
charnel de la nature,
Bruno Panas est un sculpteur
des fulgurances et du ressenti,
de la pensée et de la matière,
du ciel et de la terre
intimement mêlés.

Sa sculpture se rêve et
se caresse.

Ferveur et révolte s'effleurent,
se rejoignent, images du Sacré
et de l'Humain.

DAVID PUECH

*« Il n'y a pas d'éclat de pierre
insignifiant même s'il s'agit de
grain de sable, il n'y a pas de
geste inutile, même s'il
semble inefficace. C'est de la
somme de ces grains de sable
extraits de la matière brute,
c'est de la persévérance du
geste que prend forme
l'ouvrage ! Autodidacte, j'ai
commencé la sculpture à l'âge
de vingt-huit ans, voilà dix-huit
ans maintenant que, d'éclat de
pierre en éclat de pierre, de
grain de sable en grain de
sable, j'avance sur le chemin
de la vie comme une sculpture
toujours inachevée, où peu
à peu mon regard simplifie,
épure, où je cherche avant
tout à faire sentir une
présence, à toucher
à l'essentiel. »*

SEENU SHANMUGAM

Né en Inde du Sud, à Mamallapuram, Seenu grandit parmi des
blocs de granit sculptés au VIIe
siècle. Venant d'une famille de
pêcheurs, Seenu devait, comme
de coutume, suivre les pas de son
père, mais, fasciné par le travail de
sculpteur, il a l'opportunité de
rentrer à l'école de sculpture tradi-
tionnelle de Mamallapuram. En
1997, après huit ans d'études, il
obtient son diplôme. Il commence
à travailler avec l'un de ses profes-
seurs, mais veut vite prendre son
envol et ouvre son propre atelier.
Marié à une Française, Seenu
arrive en France début 2005. Il est
vite conquis par la Bretagne, où il
retrouve un peu les rochers de
granit de sa région. Nourri de la
richesse de son expérience passée
et de la découverte de la culture
occidentale, Seenu prend un nouveau chemin artistique. *« La vie
m'apprend toujours un peu plus.
Mes valeurs sont le respect, la
discipline et la concentration. Je
sculpte au gré de mes envies,
j'aime apporter du plaisir aux gens
par le fruit de mon travail. »*

Commune :
L'Hôpital-Camfrout (29)

E-mail :
panas.bruno@yahoo.fr

Tél. : 02 98 20 06 50

Commune : Plougrescant (22)

Site internet :
www.davidpuech.com/

E-mail : davidlesculpteur22@
gmail.com

Commune : Ploézal (22)
Site internet :
www.seenusculpteur.com/
E-mail :
seenusculpteur@yahoo.fr
Tél. : 02 96 95 14 18

Xavier Tanguy

Voyageur quand ta main
touche les balafres de
cette stèle froide
quand la peau de ton
ventre amoureux se mêle
au grain du silex pour
lire les secrets de la
foudre
Ici tu incrustes tes rêves
et les entrelacs de ton
chant
Ici tu sculptes ton rire
éternel dans la
respiration de l'aube
Ici tu graves le temps.

Poème de
Jean-Paul Kermarrec

Commune :
Land - Cléder (29)

E-mail :
chien2feu@hotmail.fr

Tél. : 06 66 75 68 53

« Nous remercions
chaleureusement
tous les sculpteurs qui,
depuis 2009,
ont œuvré par
leur créativité
à faire jaillir
ce projet monumental. »

LE GRANIT
BRETON

« Si le granit devait un jour
tomber en désuétude,
nous devrions nous résigner
à une double pauvreté :
celle de notre environne-
ment ordinaire et l'autre,
plus grave d'être intérieure,
que nous vaudrait la
décadence d'un certain art
séculaire de vivre.
À dieu ne plaise ! »

Pierre-Jakez Helias

Les granitiers bretons, partenaires de La Vallée des Saints

Carrière SOCAL à Lanhélin

Le granit marque profondément l'identité de la Bretagne dans ses paysages et dans les ouvrages civils et religieux que les bâtisseurs ont construits au fil des siècles. Pendant longtemps, l'exploitation de la "pierre à grains" a été rudimentaire jusqu'à l'apparition de techniques nouvelles qui ont progressivement et profondément modernisé son extraction et son façonnage.

Aujourd'hui, l'industrie granitière bretonne est composée d'un tissu d'une centaine de petites et moyennes entreprises qui exercent soit une activité d'extraction, soit une activité de façonnage à partir de granits bretons ou d'ailleurs, soit une activité combinée d'extraction et de façonnage. La Bretagne comprend plusieurs bassins granitiers dont les principaux sont : Lanhélin et Saint-Pierre-de-Plesguen (Ille-et-Vilaine), Louvigné-du-Désert et Le Coglais (Ille-et-Vilaine), Perros-Guirec et Pleumeur-Bodou (Côtes d'Armor), Dinan, Languédias, Brusvily et Le Hinglé (Côtes d'Armor), Brennilis (Finistère), Bignan, Elven et Péaule (Morbihan).

L'histoire du granit commence en carrière (une quarantaine en Bretagne) d'où il est extrait au moyen d'explosifs et/ou par sciage au câble diamanté. Les blocs ainsi extraits sont ensuite acheminés vers les usines ou ateliers où ils subissent plusieurs opérations mécanisées de transformation (sciage, débitage, éclatage, finition de surface…) jusqu'à obtenir les produits finis commandés par la clientèle. La taille manuelle reste cependant irremplaçable pour le façonnage d'un certain nombre de produits.

La palette de granits de coloris différents aux bonnes qualités intrinsèques, le savoir-faire reconnu des compagnons au service d'une production de qualité et le positionnement géostratégique de la Bretagne sont les atouts de l'industrie granitière bretonne.

Ilot Feydeau
à Nantes

Atelier
de façonnage

Réalisation à Lorient

se sont élevées à 125 000 tonnes en 1997 (dont 186 tonnes de Chine) et à 448 000 tonnes en 2013 (dont 90 000 tonnes de Chine).

Le choix par les collectivités locales de produits finis d'importation entraîne une diminution de la charge de travail des granitiers bretons implantés au cœur des territoires ruraux pour lesquels cette activité est économiquement importante.

La profession travaille à l'élaboration d'une INDICATION GÉOGRAPHIQUE qui protègera le granit breton afin de sécuriser les clients publics et privés sur la provenance et l'authenticité de nos productions. L'IGP confortera ainsi le rayonnement de la production granitière bretonne en Bretagne et au-delà.

La production bretonne est commercialisée en Bretagne et sur le reste de l'Hexagone ; elle est aussi exportée au-delà de nos frontières, principalement en Europe du Nord.

En revanche, l'industrie granitière bretonne doit faire face à une vive concurrence, y compris en Bretagne, de productions provenant en particulier de pays à bas coût de main-d'œuvre. À titre indicatif, les quantités importées sur la France de pavés, bordures et dalles en pierres naturelles

Jean-Marie BEGOC
Président des granitiers bretons de l'UNICEM Bretagne
(Union des industries de carrières et matériaux de construction)
Christian CORLAY
Secrétaire Général de l'UNICEM Bretagne

LE COUP DU MENHIR

UNE ÎLE DE PÂQUES

AU CŒUR DE LA BRETAGNE

ANNA
ANNE

Origine du nom :
De l'hébreu *hannah*,
la grâce.

Fêtée le 26 juillet

Lieux ayant un lien avec ce saint :
Impossible de les citer tous ici !
Sainte-Anne-d'Auray*
Sainte-Anne-la-Palud*

Un pardon annuel y est célébré.

Sculpteur :
Patrice Le Guen

Chantier 2010

Granit : Lanhélin

Carrière :
Socal - Lanhélin (35)

Hauteur : 4 m

Poids : 10 tonnes

Itron Santez Anna / Ni ho ped gant joa / Mirit tud an Arvor / War zouar ha war vor. « Madame Sainte Anne / Nous vous en prions avec joie / Protégez les Bretons / Sur terre et sur mer ». Ce cantique est entonné par les pèlerins aux pardons de Sainte Anne depuis des générations. À celui de Sainte-Anne-d'Auray comme à celui de Sainte-Anne-la-Palud, c'est la *Mamm-Gozh*, l'Aïeule du peuple breton qui est célébrée, la détentrice du savoir qui montre et ouvre le livre de la vie et de la mort. Historiquement, nous ne savons rien sur Anna. Les textes qui en parlent sont tous apocryphes. Alors, d'où proviennent cette ferveur et cette popularité ? L'origine est sans doute à rechercher du côté d'une source très ancienne, au tréfonds de nous-mêmes. Nous approchons alors le symbolisme du mystère du début et de la fin du monde, par-delà notre brève apparition sur la Terre Mère nourricière, du temps de *ANA*, racine indo-européenne pour grand-mère et marais ou femme des marais en celtique. Ainsi Santez Anna, invoquée près des marais, est-elle devenue l'Ancienne qui accompagne le Breton dans son passage entre ce monde et celui des *Anaon*.

Tra dic'hortoz : n'eus ket ur santez kelt eus Anna... Daoust da se e vez enoret muioc'h e Breizh eget ar sent all ! E pardonioù Santez-Anna-Wened hag e hini Santez-Anna ar Palud ez eo ar Vamm-Gozh, er ster mojennel, ar vamm-gozh pellgar ha kevrinus, a vez meulet gant gred, ha kement-se, en deiz a hiziv c'hoazh. War dachenn an Istor n'ouzomp netra diwar-benn Anna. Eus pelec'h e teu ar vrud vat-se ? Eus ur vammenn kozh-douar marteze, eus parfinfont hon denelezh ?

An exception to the rule, Anna was not a Celtic saint... But she is much more venerated in Brittany than any other saint. In the pardons of Ste-Anne-d'Auray and Ste-Anne-la-Palud, she is the *Mamm- Gozh*, the grand-mother in a mythical sense, distant and mysterious, who is celebrated with fervour and this continues to this day. Historically, we don't know anything about Anne. Where did this popularity come from? It could be from a very ancient belief which springs from the depths of our humanity.

ARZHEL
ARMEL

Variantes : Arhel, Armaël, Armahel, Arth-Maël, Arzhael, Arzhvaël, Arzmael, Erme, Ermel, Harnhael, Herhel, Lormel, Tremel.

Origine du nom :
Du vieux-breton *arth-maël*, chef des ours, des guerriers.

Fêté le 16 août

Lieux ayant un lien avec ce saint :
Allineuc, Bleruais, Bruz, Bubry, Caden, Châteaugiron, Ergue-Armel, Etables-sur-Mer, Lampaul-Plouarzel, Languédias, Lorient, Lourmais, Ménéac, Meslan, Moncontour, Plaine-Haute, Ploërmel (reliques), Plouarzel, Radenac, Plouharnel, St-Armel-35*(reliques), St-Armel-22 et 56, St-Glen, Sarzeau.
*Un pardon annuel y est célébré.

Sculpteur :
Seenu Shanmugam
Chantier 2014

Né dans l'actuel Pays de Galles à la fin du Ve siècle, saint Armel y fut élevé dans un monastère avant de partir pour l'Armorique en compagnie de plusieurs amis. La communauté installée près de l'endroit de leur débarquement, aujourd'hui nommé Plouarzel – le *plou* d'Arzel – au bord de l'Aber Ildut, saint Armel repart vivre quelques années à la cour du roi des Francs, Childebert. De retour chez les Bretons, le roi Judwal lui donne une terre sur la commune de Saint-Armel aujourd'hui, au sud de Rennes. Selon la légende, armé de son goupillon, Armel débarrassa la contrée d'un terrible dragon en le tirant de son étole jusqu'à la rivière La Seiche où il disparut définitivement. La réputation du saint est fondée autant sur son pouvoir à guérir les malades « auxquels il rendoit la santé par le signe de la croix », que sur sa capacité à christianiser les populations. Il est invoqué pour la guérison des rhumatismes.

Sant Arzhel, bet ganet e Kembre a vremañ e dibenn ar 5vet kantved, a voe desavet en ur manati a-raok mont kuit da Arvorig e kompagnunezh meur a vignon dezhañ. Ur wech staliet ar gumuniezh e-kichen al lec'h m'o doa dilestret, anvet Plouarzel hiviz an deiz, ez eas sant Arzhel kuit da vevañ un nebeud bloavezhioù e lez roue ar Franked, Childebert. Pa voe distroet da vro ar Vretoned e voe roet dezhañ gant ar roue Judual douaroù e kumun Sant-Armael-ar-Gilli. Hervez ar vojenn e tisammas ar c'horn-bro diouzh un aerouant spontus dre sachañ anezhañ war-bouez e stol betek ar Sec'h ma'z eas an aerouant da get da vat ha da viken.

Born in Wales at the end of the 5th century, Armel was raised in a monastery before departing for Armorica, in the company of several friends. Once the community was settled near the place of their landing, today called Plouarzel, Armel left to live for some years in the court of Childebert, the king of the Francs. Upon his return to live among the Bretons, King Judwal gave him some land in the commune of today's Saint-Armel. According to legend, he rid the land of a terrible dragon by using his scarf to pull him to the river La Seiche, where it disappeared forever.

BERC'HED
BRIGITTE

Variantes : Berhet, Brec'hed, Brigit, Birhit, Brigait, Berc'het, Berthed, Perhet, Brigide, Brigitte, Birhyet.

Origine du nom : Viendrait du celte *Brig*, signifiant force, puissance, autorité.

Fêtée le 1er février

Lieux ayant un lien avec ce saint : Loperhet, Daoulas, Sainte-Brigitte, Cléguérec, Grand-Champ, Plougoumelen, Saint-Vreguet, St-Alban, Confort-Berhet, La Roche-Derrien, Guengat, St-Cast-le-Guildo, St-Thégonnec, Ste-Brigitte, Naizi, Merdrignac, Ploumagoar.

Sculpteur : Jacques Dumas

Chantier 2012

Granit : Rose de La Clarté

Carrière : BGP Louvigné-du-Désert (35)

Hauteur : 3 m 75

Poids : 6 tonnes

Il s'agit ici de sainte Brigitte d'Irlande ou sainte Brigitte de Kildare, à ne pas confondre avec sainte Brigitte de Suède. À l'origine de la ville qui porte son nom, elle est née en 451 dans le comté de Louth et créa le monastère de « Kil Dara ou Cill Dara » (l'église du chêne ou le monastère du chêne, en gaélique) où elle mourut en 525.

« Patronne » de l'Irlande, vénérée dans de très nombreux lieux en Bretagne, Brigitte – ou Berc'hed pour les Bretons – est tout à la fois la protectrice de la fécondité, de la maternité, des enfants et de l'allaitement. Dans l'église de Berhet (22), elle est représentée avec une vache à ses pieds, ce qui rappelle la légende « de la vache plusieurs fois traite » qui donna autant de lait que nécessaire pour nourrir plusieurs évêques et leurs accompagnants demandant l'hospitalité... On retrouve ici une des variantes du symbole de la multiplication des pains dans la religion chrétienne. Il est vraisemblable que la « notoriété » de Brigitte/Berc'hed au fil des siècles, tant en Irlande qu'en Bretagne, est due à une rémanence du culte de la déesse celte Brigit, également honorée le 1er février, date de l'une des grandes fêtes de cette civilisation, qui marquait le début du renouveau de la nature. Cette déesse celte ferait ainsi partie des nombreuses croyances précédant le christianisme, « reconverties » pour faciliter la propagation de la foi par les missionnaires d'outre-Manche.

Santez Berc'hed, bet ganet e 451 en Iwerzhon, a oa bet diazezerez manati Cill Dara (Kildare) e-lec'h ma varvas e 525. Gwarezerez ar frouezhusted, ar genel bugale hag al laezhañ anezho ez eo. Enoret war un dro en Iwerzhon hag e lec'hioù stank-kenañ e Breizh, ar « vrud » zo ganti abaoe 15 kantved zo zo dleet moarvat d'an dud a iliz o deus kristenaet ar c'hredennoù pobl kentañ a oa liammet ouzh ar bri a zouged d'an doueez kelt Brigit.

Born in the year 451 in Ireland, Sainte Brigitte was the founder of the monastery of Kildare where she died in 525. She is the protector of fertility, maternity and breastfeeding. Both venerated in Ireland and in many places in Brittany, she has been popular for 15 centuries certainly due to the fact that the catholic clergy has linked her worshipping to the worship of the Celtic goddess, Brigit.

BRIEG
BRIEUC

Variantes :
Brioc, Briavael, Brivael,
Tebriec, Tobrioc.

Origine du nom :
Du bieux breton *bri*, dignité.

Fêté le 1ᵉʳ mai

Lieux ayant un lien avec ce saint :
Guern, Merdrignac,
Plobannalec, Saint-Brieuc,
Saint-Brieuc-de-Mauron,
Saint-Brieuc-des-Ifs.

Sculpteur :
Fabrice Lentz

Chantier 2009

Granit :
Saint-Carreuc

Carrière :
Graniouest (22)

Hauteur : 3 m 50

Poids : 5 tonnes

Sant Brieg-Saint Brieuc naquit au Vᵉ siècle au Pays de Galles et fut l'élève de saint Germain l'Auxerrois à Lutetia, Paris aujourd'hui. Après être revenu dans son pays et avoir converti ses proches, il gagne l'Armorique en compagnie de 68 personnes et retrouve son cousin gallois, le comte Riwal, un immigré comme lui. Celui-ci lui offre des terres pour fonder un monastère à l'endroit du futur siège de l'évêché de Saint-Brieuc. Il est donc, comme saint Pol Aurélien, honoré comme saint fondateur.

La légende raconte qu'un soir alors qu'il était sur le chemin de retour de son *minihi* – monastère – en compagnie de ses moines, une bande de loups affamés s'en prit aux bœufs de son attelage. Les moines, saisis de frayeur, s'enfuirent à toutes jambes mais lui, élevant le bras, stoppe la charge des loups. Calmées, les bêtes s'approchent de lui et l'entourent. Quand les moines reviennent, ils le trouvent ainsi, au milieu de la meute, et rien n'y fait pour qu'ils entrent dans le cercle, avant que saint Brieuc ne commande aux loups de les laisser passer !

Brieg a oa bet ganet er Vᵛᵉᵗ kantved e Kembre. Divroañ a reas da Lutetia (Pariz), distreiñ a reas d'e vro, ha mont a reas da Arvorig gant 68 kompagnun dezhañ da c'houde. Krouiñ a reas ur manati el lec'h m'emañ Sant-Brieg bremañ, sez an eskopti da zont. Hervez ar vojenn en doa ar galloud da zoñvaat ar bleizi ! Evel un eskob, gant ur bleiz doñvaet ouzh e dreid, eo bet taolennet gant Fabrice Lentz e Traoñienn ar Sent.

Brieg/Brieuc was born in the 5ᵗʰ century in Wales. He emigrated to Lutèce (Paris) and later returned to his country. He then conquered Armorica with 68 companions, creating a monastery on the site of the current St-Brieuc, the seat of the future bishopric.
The legend has it that he had the ability to tame wolves! The sculptor Fabrice Lentz decided to represent him as a bishop with a tame wolf at his feet at the Valley of Saints.

DERC'HEN
DERRIEN

Variantes :
Derchan, Dergen,
Derhen, Derian, Dérien.

Origine du nom :
Du vieux breton *Dergen*,
fils (de la divinité) du
chêne.

Fêté le 14 février.

**Lieux ayant un lien
avec ce saint :**
Carnoët, Commana*,
Henanbihen,
Plouneventer,
Saint-Derrien*.

*Un pardon annuel y est célébré.

Sculpteurs :
Goulven Jaouen
et Inès Ferreira

Chantier 2012

Granit :
Bignan Jaune Aurore

Carrière :
Louvigné-du-Désert
(35)

Hauteur : 4 m 15

Poids : 10 tonnes

Si la version populaire fait de ce saint un moine, la version des clercs présente celui-ci sous l'aspect d'un seigneur breton de retour de Jérusalem et traversant l'Armorique pour rejoindre sa terre, dans l'île de Bretagne au IVe siècle. Les voyages entre l'île de Bretagne et l'Armorique étaient chose courante depuis des temps très reculés. La chevauchée depuis Vannes, où il avait débarqué, jusqu'au port de Pontusval-Brignogan, pouvait prendre plus de temps que la navigation jusqu'à la Cornouaille.

Dans les deux versions, Sant Derc'hen – Derrien – dompte le dragon de l'Elorn et le fait conduire par Riok, âgé seulement de deux ans, jusqu'à la mer dans laquelle le monstre s'enfonce et disparaît. Il accomplit cet exploit en compagnie de son fidèle ami et compagnon saint Neventer. Racontée par Albert le Grand, l'aventure merveilleuse du chevalier Derrien figure dans la vie de saint Riok ou Riec. Le nom de ce moine-ermite est cité dans la Légende Dorée de Saint Gwenole, le fondateur du monastère de Landévennec. Cet ouvrage est conservé au British Museum de Londres.

Sant Derc'hen est invoqué pour la guérison des coliques et maux de ventre.

Derc'hen, manac'h pe soudard ? E Karnoed eo bet taolennet Derc'hen e-giz ur marc'heg, un aotrou deuet eus an tu all da Vor Breizh, distroet eus Jeruzalem, hag o tremen dre Arvorig, eus Gwened da Bontuzval (porzh Brignogan), ma oa da lestrañ evit distreiñ da Enez Vreizh… Evel zo dleet da bep sant, Derc'hen en doa graet un taol-kaer dreistordinal : deuet e oa a-benn da gabestrañ aerouant an Elorn ha da gas anezhañ en-dro betek ar mor ma steuzias en tonnoù !

Derc'hen, monk or soldier? At Carnoet, Derc'hen, who lived in the 4th century, is shown as a knight, a Breton lord from across the Channel, on the way back from Jerusalem, crossing Armorica from Vannes to Pontusval-Brignogan, where he had to pick a boat up again to rejoin his native Britain… Like any self-respecting saint, Derc'hen succeeded in an extraordinary exploit: over-powering the dragon of the Elorn and driving it back to the sea where it vanished into the waves.

DIBOAN

Variante :
Diboen, Thibon, Abibon,
Yboiene, Iboen, Abilon,
Languis, Langis, Languy.

Origine du nom :
Du breton *poan*, avec
le préfixe *di*, qui veut
dire littéralement qui
supprime la douleur, la
peine ou la souffrance

**Lieux ayant un lien
avec ce saint :**
Loc-Yvi en Tremeven,
Saint-Abilon en Plévin,
Saint-Languis en
Plougastel-Daoulas.

Sculpteur :
Olivier Lévêque
Chantier 2014

Pour Sylvette Denèfle, dans *Une Hagiographie sans texte – Le culte de Saint-Diboan en Cornouaille armoricaine*, Diboan est un saint « apparemment sans vie, mais dont l'existence culturelle ne peut être mise en cause, attestée à la fois par une iconographie, un texte oral populaire et une forme de culte officiel. » Pour cet auteur, ce saint est invoqué pour les mourants, pour les délivrer de l'agonie, « comme une demande de guérison ou de mort », d'où également son surnom en breton *Tu pe Du*, signifiant d'un côté ou de l'autre, formule évocatrice et définitive pour solliciter l'arrêt des souffrances, d'une manière ou de l'autre... Le choix du sculpteur pour symboliser le retour dans le monde des vivants, la partie claire du visage, ou le voyage vers l'au-delà, la face sombre, est particulièrement évocatrice ! Chapeau l'artiste ! Quant à la boule noire dans les mains du saint, elle fait penser au destin, à la destinée, « *ar blaneden* » de nos anciens. Si les représentations du saint sont peu homogènes, le culte de sant Diboan (et de ses dérivés Langui, Languis, Languy...) est très répandu, dans le Finistère à Leuhan, Tréméven, Gouézec, Kergloff, Plougastel-Daoulas, Rosporden, dans les Côtes d'Armor à Plévin, Lanrivain, dans le Morbihan à Gourin, hors Bretagne à Ozenay (Saône-et-Loire)...

Evit Sylvette DENEFLE, en *Une Hagiographie sans texte-Le culte de Saint-Diboan en Cornouaille armoricaine*, e vez pedet ar sant-se evit an dud zo war o zalaroù, evit diboaniañ anezho, « evel ur goulenn pare pe marv ». Setu perak eo lesanvet Tu pe Du ivez, un anv skeudennek-kaer da c'houlenn ma paouezo an dud da c'houzañv, e stumm pe stumm... N'eo ket unvan an doareoù da skeudenniñ ar sant met kalz a vri a veze douget da sant Diboan (pe Langiz, pe Langi...).

For Sylvette DENEFLE, in *Une Hagiographie sans texte - Le culte de Saint Diboan en Cornouaille armoricaine*, this saint is invoked for the dying, for delivering people from agony and for healing the sick : his Breton nickname, Tu pe Du, means « from one side or another », because he ended their suffering, one way or another... The representations of this saint are very different, however the cult of Sant Diboan (and his derivatives, Langui, Languis, Languy...) is very widespread.

EDERN

Origine du nom :
Viendrait du gallois *Edyrn*, grand, gigantesque (par ses qualités ?) ou du latin *aeternus*, éternel...

Fêté le 26 août

Lieux ayant un lien avec ce saint :
Plouédern, Edern, Lannédern, Saint-Edern en Plouha (22).

Sculpteur :
Inès Feirrera
Chantier 2014

Ermite du Pays de Galles *(Les saints de Bretagne célébrés au diocèse de Quimper et de Léon)*, Edern serait venu en Armorique au IXe siècle. D'après Raoul de Kerlan, chargé en 1776 de dresser l'inventaire général des archives de Plouédern : « ...Edern quitta son pays et vint aborder vers l'an 894 au canton du Juch, d'où il se rendit en une forest et lieu qu'on appelait Quistinit... et y fit bâtir un ermitage... une petite chapelle... érigée en église paroissiale, qui se nomme aujourd'hui Lannédern. » C'est dans cette localité que se situe son tombeau. Dans une autre version, il aurait, selon la légende, fait partie de l'entourage du roi Arthur. Il aurait été l'un des amants de la reine Guenièvre, l'infidèle épouse du roi...

Edern est représenté en moine chevauchant un cerf (église et calvaire de Lannédern). « Le Breton a toujours été proche de la nature ; les animaux sont facilement mêlés à l'hagiographie bretonne : c'est saint Edern qui obtient la vie sauve pour un cerf, Gwenaël pour une biche. Le paysan breton a cherché des protecteurs pour ses bêtes, chargeant saint Alar des chevaux, saint Herbot des bêtes à cornes, en compagnie de saint Cornély... » (*Le livre d'or des Saints de Bretagne*, Joseph Chardronnet, Editions Coop Breiz).

Le cantique de Plouédern, repris par Anatole Le Braz, retrace la vie (supposée ?) du saint. En voici un passage, traduit du breton : « De ses parents, il prit congé, à son pays il dit adieu, et par mer, se rendit en Bretagne pour y prêcher la foi. En un lieu de la grève, de la grève de Cornouaille, tout proche de Douarnenez, appelé encore aujourd'hui le Juch, avec son esquif il accosta. »

Edern, en em gavet en Arvorig en IX[vet] kantved, zo diazezer Lannedern a-bell zo. Taolennet eo e-giz ur manac'h a-c'haoliad war ur c'harv. Emañ an arvest-se e-touez an taolennoù arouezel a vez gwelet alies en hon ilizoù hag en hor chapelioù. Splann e weler an dra-se gant ar c'hizelladurioù a zo e Traoñienn ar Sent : Herbod, Herve, Korneli, Kaourintin, Brieg, Padern, Telo...

Arriving in Brittany during the 9th century, Edern was the founder of the village of Lannedern in Finistère. Represented as a monk riding a deer, this scene is one of the symbolic representations of saints frequently replicated in our churches and chapels. To convince you, look at the sculptures in the Vallée des Saints: Herbot, Hervé, Cornély, Corentin, Brieuc, Patern, Telo...

EFLAMM
EFFLAM

Variantes :
Eflam, Efflamm, Efflamme.

Origine du nom :
Du celtique *flam*, flambant, lumineux. Sens de rayonnant.

Fêté le 6 novembre

Lieux ayant un lien avec ce saint :
Carhaix, Kervignac, Langoëlan, Merlevenez, Morlaix, Pedernec, Plestin-les-Grèves (gisant).

Sculpteur :
Seenu Shanmugam

Chantier 2012

Granit :
Rose de La Clarté

Carrière : BGP Louvigné-du-Désert (35)

Hauteur : 4 m 15

Poids : 8 tonnes

Au Vᵉ siècle, les guerres se succèdent entre le roi d'Irlande et celui du Pays de Galles. Pour y mettre fin, on marie Eflamm et Enora, les enfants des deux familles ennemies. Le jeune homme accepte pour que la paix règne enfin. Mais les deux jeunes mariés s'enfuient aussitôt en Petite Bretagne, débarquant à Plestin-les-Grèves. Eflamm veut absolument réaliser son rêve de toujours : vivre en ermite. Enora, son épouse très aimante, accepte et, si Efflamm vit dans son ermitage sur son rocher, Enora n'est pas très loin, suffisamment proche pour pouvoir l'entendre sonner la cloche pour elle chaque matin. Une corneille au bec de corail sert de messagère pour les avertir l'un et l'autre en cas de besoin. Et c'est ainsi que plus tard, beaucoup plus tard, en voyant l'oiseau se comporter de façon particulière, il devina que son aimée allait mourir. Avant qu'Enora ne rende son dernier souffle, ils eurent le temps de se dire une dernière fois leur amour. Longtemps, durant de longues années, Eflamm continua de mener une vie exemplaire dans sa hutte solitaire, là-haut, sur la colline pelée. Et le dragon ? Quand il débarque à Plestin-les-Grèves, Efflam rencontre le célèbre roi Arthur qui essaie en vain de vaincre un dragon. Efflam ordonne à la bête de sortir de sa grotte. Furieuse, celle-ci sort, grimpe en haut d'un rocher où elle vomit des flots de sang et disparaît à jamais dans la mer. Allez voir le site du Grand Rocher à Plestin, celui-ci en conserve encore des traces rouges !

Efflamm a oa bet ganet e 448 en Iwerzhon, pa oa brezel etre ar vro-se ha Kembre. Evit ober ar peoc'h e fellas d'e dad lakaat Efflamm da zimeziñ da Enora, merc'h ar roue brezhon... Evel-se e voe graet ! Met an daou zen-nevez a dec'has kuit, da vont en tu all da Vor Breizh ha dilestrañ a rejont e Plistin. C'hoant en doa Efllamm da seveniñ e hunvre : bevañ evel ur penitiour. Asantiñ a reas Enora gant ma ne vije ket re bell diouzh he gwaz ! Klask a reer atav gouzout hiroc'h met den ne oar penaos e voe kendalc'het da c'houde gant istor an dimeziñ-se...

Efflam was born in 448 in Ireland which was then at war with Wales. To establish the peace, his father offered Efflam's hand in marriage to Enora, daughter of the Breton king... So it was done! But the married couple fled, crossing the Channel and landing at Plestin-les-Greves. Efflam wanted to realise his dream: to live as a hermit. Enora accepted this, on condition that she was not to be too far from her man! The mystery remains; nobody knows how the story of this arranged marriage continued...

ERWAN
YVES

Variantes :
Cheun, Eon, Eozen, Euzen, Noum, Urvoan, Yeun, Youenn, Yun, Yuon.

Origine du nom :
Du vieux celtique *iv*, l'if.

Fêté le 19 mai

Lieux ayant un lien avec ce saint :
Impossible de les citer tous ici !
Louannec, Rennes, Tredrez, Tréguier*...

Un pardon annuel y est célébré.

Sculpteur :
Patrice Le Guen

Chantier 2009

Granit :
Le Huelgoat

Nann, n'eus ket e Breizh, nann n'eus ket unan evel Sant Erwan, chante-t-on chaque année au pardon de saint Yves à Tréguier, car, disent les paroles, saint Yves n'a pas son égal en Bretagne. Yves Hélory de Kermartin, né au milieu du XIIIe siècle à Minihy-Tréguier, vécut une vie de prédicateur mais aussi de bienfaiteur des pauvres et fut leur ardent défenseur devant la justice. C'est ainsi qu'il est représenté à la Vallée des Saints, tenant une bourse dans la main droite, symbole de sa grande générosité. *"Beati pauperes spiritu"* signale le parchemin déroulé : heureux les simples d'esprit, ceux qui ont l'esprit de pauvreté, qui ne s'attachent pas aux biens matériels. Le fait devait être suffisamment exceptionnel pour qu'on lui en sache encore gré des siècles plus tard. Il est le patron des hommes de loi et spécialement des avocats. Et de la Bretagne ! Depuis quelques années, le 19 mai, jour de la Saint Yves, des événements festifs en Bretagne et dans le monde entier font de la « Gouel Breizh », la Fête de la Bretagne, le rendez-vous avec toute la diaspora bretonne. Autrefois, pour un préjudice demeuré sans réparation, on pouvait « vouer à saint Yves de Justice » le présumé coupable. S'il était coupable, il mourrait mystérieusement, sinon la sentence s'exécutait contre le plaignant !

Erwan Helouri Gervarzhin, bet ganet en XIIIvet kantved, zo « patrom » Breizh, evel ma'z eo Padrig patrom Iwerzhon. Difenn a rae ar re baour a-enep ar re vras er mare-se. Dre ma oa un den reizh ha leal eo deuet da vezañ arouez ar vreutaerien. Digatar eo chomet e vrud e Breizh tost da 8 kantved goude e varv. Abaoe un nebeud bloavezhioù, war atiz ar C'huzul-rannvro, eo deuet an 19 a viz Mae, deiz gouel sant Erwan, da vezañ un deiz emgav bloaziek evit Breizh hag evit diaspora Breizh.

Born in the 13th century, Erwan, Yves Helory de Kermartin, is the patron saint of Brittany, just as saint Patrick is the patron saint of Ireland. Defender of the poor against the powers of that time, his impartiality made him the patron saint of all professions of justice and law. His reputation remained intact in Brittany for nearly 8 centuries after his death. For the last several years, at the initiative of the Regional Council, the 19th of May, St-Yves'Day, has become the annual meeting of Brittany and the Breton Diaspora.

GUEN

Origine du nom :
Blanc, pur, sacré.

**Fêté
le 26 octobre**

**Lieux ayant un lien
avec ce saint :**
Pleuven en Fouesnant,
St-Guen, St-Pierre de
Plesguen en Combourg,
St-Guen, St-Guen en
Baud, St-Guen en
Guéméné-sur-Scorff,
Lézouen en Mur-de-
Bretagne. D'autres
lieux en lien avec son
homonyme féminin
Gwenn : voir page 29.

Sculpteur :
Patrice Le Guen
Chantier 2014

On connait très peu de choses sur ce saint... Sans doute est-ce dû à la notoriété de son homonyme féminin, Gwenn, « *Santez Gwenn teir bron* », littéralement « Sainte Gwenn aux trois seins », célèbre pour cette « particularité anato-mique » [cf. page 29 de ce guide], mère de quatre saints, dont l'illustre saint Guénolé.

Attention par conséquent à ne pas confondre Guen et Gwenn ! À quel saint faut-il se vouer pour ne pas se perdre dans les homonymies ? Pour ce qui concerne notre héros, les sources habituelles sont quasiment muettes, à l'excep-tion des empreintes laissées dans la toponymie. Reprenons à ce sujet ce que dit Michel Priziac dans *Bretagne des Saints et des croyances*, ouvrage déjà cité : « *On peut... se deman-der si la dispersion du culte à travers la Bretagne ne dénonce pas l'existence de plusieurs saints locaux dénommés Guen. Le sens même de Guen, blanc, pur, sacré, irait d'ailleurs dans cette direction puisqu'il s'agit d'une caractéristique à laquelle les populations locales étaient particulièrement sensibles.* »

N'ouzer ket kalz a draoù diwar-benn ar sant-se... Dleet eo moar-vat d'ar vrud a oa gant santez Gwenn Teir Bronn (s.o. ar fichenn er bajenn 45 eus al levr-mañ), zo heñvel stumm hec'h anv ouzh hini ar sant. Honnezh a voe mamm pevar sant, en o zouez ar sant hollvrudet Gwennole. Diwallit rak n'eo ket sant Gwenn da zroukkemer evit santez Gwenn ! N'ou-zer ket mui pe sant pediñ abalamour d'an daou anv-se zo heñvel o stumm an eil ouzh egile. Evit a sell ouzh hon haroz ne gaver hogozik netra en hor mam-mennoù boas, nemet roudoù lezet en anvioù-lec'h.

Very little is known about this saint... Without doubt this is due to the fame of his female namesake, Gwenn "Santez Gwenn teir bron", literally "Saint Gwenn with three breasts", fa-mous for this "anatomical peculiarity" (see page 45 of this guide), mother of four saints, including the illustrious St. Gwénolé. Be careful therefore not to confuse Guen and Gwenn! To which saint should we be devoted, so as not to get lost in all those similar names? Regarding our hero, the usual sources are almost nearly silent, except for traces left in the names of various places.

GWELTAZ
GILDAS

Variantes : Gedas, Guédas, Guetas, Gueltas, Veltas, Veltaz, Weltaz.

Origine du nom :
Du vieux breton *gwelt*, chevelu.

Fêté le 29 janvier

Lieux ayant un lien avec ce saint :
Auray, Bieuzy*, Caden, Carnoët*, Cast*, Cléguérec*, Gâvres*, Guegon*, Gueltas, Guissény, Ile d'Ouessant, Ile de Houat*, Lanildut*, Laniscat*, Locqueltas*, Maël-Pestivien*, Magoar*, Malguénac*, Moncontour*, Penvénan*, Pont-Scorff*, St-Connec*, St-Gildas-de-Rhuys*, St-Gildas-des-Bois, St-Gildas (Quintin), St-Nicolas-du-Pelem*, Squiffiec*, Tonquédec*, Trégomeur*. *(*Un pardon y est célébré)*

Sculpteur :
David Puech

Chantier 2010

Granit :
Jaune Aurore

Carrière :
Générale de Granit Louvigné-du-Désert (35)

Hauteur : 3 m 60

Poids : 8 tonnes

Saint Gildas, Sant Gweltaz, est ici sur ses terres, au Tossenn Sant Weltaz. Venu au VIe siècle du nord de la Bretagne insulaire, Gweltaz est le type même du saint breton, ermite et guérisseur, à l'occasion fondateur de monastère, comme à Saint-Gildas-de-Rhuys, et prédicateur. Comme bien d'autres saints, il a passé la Manche à bord d'une auge de pierre, une façon étonnante de parler des *curraghs*, ces bateaux à voiles et avirons lestés de ces « auges » au creux desquelles venait se caler le mât. Les légendes ne naissent pas du néant ! Le livre que saint Gildas tient dans les mains est sans doute celui qu'il a écrit lui-même, *De Excidio et Conquestu Britanniae* – La destruction et la conquête de la Bretagne –, qui constitue une source importante pour l'histoire de la Grande-Bretagne, de la conquête romaine jusqu'au VIe siècle. Saint Gildas avait un filleul, Tremeur, à qui il avait donné son nom, Gweltaz, suivi de Trec'hmeur. Celui-ci n'était autre que le fils de Conomore, le tyran de la Domnonée, meurtrier de sa propre épouse Triphine. Il assassinera plus tard Tremeur, que Gweltaz avait recueilli en son monastère de Saint-Gildas-de-Rhuys. On dit que le saint a replacé la tête de sainte Triphine qui en fut ressuscitée. Est-ce pour cette raison qu'il a été invoqué pour être gardé de la folie des hommes, puis de celle des chiens, la rage ? Il est aujourd'hui protecteur des chevaux.

Er gêr emañ Gweltaz e Karnoed : sant ar gumun eo ! Gweltaz, deuet eus Kembre, zo pimpatrom sent Breizh, ur penitiour, diazezer manatioù diouzh an dro... (Lokentaz). Gweltaz, o vevañ er VI[vet] kantved, en doa kemeret e lod er mare skrijus-se eus istor Breizh, mare Konveur, en doa muntret e wreg Trifina hag e vab Treveur goude... Pedet e vez Gweltaz a-enep ar follentez hag ar gounnar. Gwarezer ar c'hezeg eo ivez.

Gildas is at home in Carnoët as he is the regional saint. He came from Wales, but Gildas is the prototype of the Breton saints: a hermit, a healer, and the founder of monastries (St-Gildas-de-Rhuys). Gildas, who lived in the 6th century, was involved in a tragic episode in the history of Brittany during the reign of Conomore, the assassin of his wife Trifin and then of his son Tremeur... Saint Gildas is called upon to help fight insanity and rage. He is also known as the protector of horses.

GWENN

Variantes :
Guen, Gwen.

Origine du nom :
Blanc (blanche), pur(e),
sacré(e).

Fêtée le 18 octobre

Lieux ayant un lien avec ce saint :
St-Guen, L'Epine Guen,
Coatquen à Ploufragan,
Lesguen-en-Plouguin.
*De très nombreux autres lieux
ont un rapport avec ses
homonymes masculins Guen :*
Pleuven-en-Fouesnant, St-Guen,
St-Pierre-de-Plesguen en
Combourg, St-Guen en Baud,
St-Guen en Guéméné-sur-Scorff,
Lézouen en Mur-de-Bretagne.

Sculpteur :
Patrice Le Guen

Chantier 2013

Granit :
Bignan Jaune Aurore

Carrière : Jaune
Aurore de Bignan
Louvigné-du-Désert
(35)

Hauteur : 4 m

Poids : 8 tonnes

Gwen et son époux Fracan (ou Fragan) sont des Bretons d'outre-Manche, originaires de l'actuel Pays de Galles, qui ont émigré en Armorique au Vᵉ siècle, vers 460, comme nombre de leurs compatriotes. Ils débarquent avec leurs deux enfants jumeaux Vennec et Jacut dans la baie de Saint-Brieuc à l'embouchure de la rivière de Brahec et s'installent sur les rives du Gouet. Cet endroit deviendra plus tard Ploufragan, la paroisse de Fragan (de *Plou*, paroisse et Fragan).

Un troisième enfant, Gwénolé, naît peu de temps après leur arrivée, et la légende veut que la providence ait fait don à Gwenn d'un troisième sein pour allaiter simultanément ses trois enfants... Il est vraisemblable que cette légende soit issue d'une erreur de traduction de l'expression latine « *sancta Alba trimamma* », « trois fois mère » par « *santez Gwen teir bronn* » en breton, littéralement « sainte Gwen [aux] trois seins ».

Toute la descendance de Gwenn, ses trois garçons et une fille qui naîtra plus tard, Clervie (ou Klervi) sera sanctifiée. Saint Gwénolé sera l'illustre fondateur du monastère – l'actuelle abbaye – de Landévennec au VIᵉ siècle, saint Vennec (saint Guézennec, ou Guéthennoc, surnommé Caduan) succèdera à son père dans le métier des armes, défendra son territoire contre les envahisseurs et créera plusieurs monastères, dont celui de Llancarvan au Pays de Galles, Saint Jacut créera le monastère qui porte son nom, sainte Klervi suivra le même chemin... Sacrée famille ! Sainte Gwenn est la protectrice des enfants et est invoquée par les mères manquant de lait.

Gwenn, genidik eus Kembre, a zivroas da Vreizh war-dro 460 gant he gwaz, Fragan hag he gevelled Gwenneg ha Yagu. Goude ganedigezh un trede bugel, Gwennole, e oa deuet un trede bronn dezhi... evit magañ he bugale a-gevret ! Santelaet e voe holl ziskennidi Gwenn ! Gwennole a grouas manati Landevenneg, Gwenneg a zeuas da vezañ penn-brezel da-heul e dad a-raok distreiñ da Gembre e-lec'h ma lakaas sevel manati Llancarfan, sant Yagu a voe diazezer ar manati zo anvet eveltañ...

Originally from Wales, Gwenn emigrated around the year of 460 to Brittany with her husband Fracan and her twins, Vennec and Jacut. Legend has it, that after the birth of a third child, Gwenn was equipped with a third breast... to simultaneously feed her children! All the descendants of Gwenn were blessed: Gwenolé created the monastery of Landévennec, Vennec succeeded his father as war chief before returning to Wales, where he created the monastery of Llancarvan and Jacut was the founder of the monastery that bears his name.

GWENOLE
GUÉNOLÉ

Variantes : Grimolé, Guenolay, Guigalois, Guignolé, Guignolet, Guingalois, Gwennolay, Gwennolé, Teguennoc, Walloy, Winwaloeus

Origine du nom :
Du breton *gwenn*, blanc, ou sacré.
Sens de pur et valeureux.

Fêté le 3 mars
Lieux ayant un lien avec ce saint :
Batz-sur-Mer, Briec-de-l'Odet, Carantec, Carnac, Cleden-Cap-Sizun, Clohars-Fouesnant, Cohignac, Collorec, Concarneau, Crozon, Ergué-Gabéric, Fouesnant, île de Sein, Kervignac, Landevennec, Langonnet, Locquénolé, Locunolé, Lopérec, Moelan-sur-Mer, Montreuil-sur-Mer-59, Penmarc'h*, Pierric , Ploeren, Plonévez-du-Faou, Plougastel-Daoulas* Pluguffan, Pont-Scorff, Ploufragan, Priziac, Plourac'h, Scaer*, Taulé*, Tonquédec, Trévou-Tréguignec*.
*Un pardon annuel y est célébré.

Sculpteur :
Jacques Dumas
Chantier 2014

uénolé est le fils du seigneur Fragan et de « *santez Gwenn he teir bronn* », *sancta Alba trimamma*, sainte Gwenn aux trois seins, un nom surprenant, pour signifier qu'elle eut trois fils, Guénolé, Jacut et Guezennec, tous promus avec leurs parents au rang de saints, de même que leur sœur, Clervie.

Formés à l'école monastique de saint Budoc à l'île Lavret, Guénolé et ses amis fondent au Vᵉ siècle à l'embouchure de l'Aulne le monastère de Landévennec. Ce monastère existe encore de nos jours. Celui-ci possède une ancienne tour réputée être le tombeau du roi Gradlon. Pourquoi ce roi ? Dans la légende de la ville d'Ys du *Barzaz Breiz*, le roi Gradlon *Meur* – le Grand– se fait dérober de nuit la clé des écluses par Dahud, sa propre fille. Les portes du puits qui contenait les eaux de l'océan sont alors ouvertes, et la ville est engloutie. La tradition ancienne veut que Dahud, en croupe derrière son père, ait été jetée à la mer par celui-ci sur les invectives de saint Gwenole afin que le roi puisse échapper au flot qui rattrapait son cheval. Dahud n'a pas péri noyée, elle vit encore sous l'aspect d'une sirène… et est fêtée le 5 août dans le calendrier des saints bretons !

Gwennole zo unan eus mibien Fragan, aotrou breton eus ar Vᵛᵉᵗ-VIᵛᵉᵗ kantved, ha Gwenn « he zeir bronn ». Stummet e voe Gwennole e skol manati Beuzeg, en Enez Lavred (e-kichen Enez-Vriad) hag anavezet eo evel diazezer manati Landevenneg, zo anezhañ bepred, 15 kantved goude bezañ bet savet ! Grallon, aotrou al lec'h, a repuas e-kichen Gwennole goude liñvadenn Kêr Iz. Un dra wir pe ur vojenn ? Un tamm eus an daou moarvat, o vezañ ma voe beuzet an douaroù izel gant ur c'hataklism er VIᵛᵉᵗ pe (hag ?) er VIIᵛᵉᵗ kantved.

Gwenole was one of the sons of Fracan (a Breton Lord from the 5th-6th centuries) and of Gwenn "with three breasts"! Educated in the monastic school of Budoc, at the Ile Lavret (close to Brehat), Gwenole is recognised as the founder of the monastery of Landevennec, which still exists, 15 centuries after its foundation. Gradlon, the lord of this place, fled to Gwenole after the flooding of Is, his town. Reality or legend? Probably a bit of both…

HERBOT

Variantes :
Derbot, Erbot, Herbaut, Herbod, Herboth.

Origine du nom :
Du germanique
hari, armée, et
bald, audacieux.

Fêté le 17 juin

Lieux ayant un lien avec ce saint :
Berrien, Le Trévoux, Plonevez-du-Faou* (gisant), Ploulec'h, Pluméliau*, Taulé, Tourch.

Un pardon annuel y est célébré.

Sculpteur :
Bruno Panas

Chantier 2010

Granit : Gris-bleu de Louvigné

Carrière : Rault Granit - Louvigné-du-Désert (35)

Hauteur : 4 m

Poids : 10 tonnes

Au VIIIe siècle vit à Berrien un ermite du nom d'Herbot qui raconte si bien les histoires que les hommes délaissent les travaux des champs pour venir l'écouter. Les femmes de Berrien, très en colère, le chassent du pays. Retiré à Plonevez-du-Faou, Herbot partage son temps entre contemplation et travaux, pour lesquels il se fait aider par deux bœufs blancs. Après sa mort, les animaux demeureront près de sa tombe et chacun pourra venir les y chercher pour travailler, mais à condition de les ramener avant la fin de la nuit. Jusqu'au matin où un homme cupide ne les ramènera pas à temps. Depuis, ils ne sont plus réapparus. Certaines nuits cependant, des formes lumineuses apparaissent et des meuglements étranges se font entendre du côté de la chapelle du saint...

Saint Herbot était l'objet d'une grande vénération, notamment lors du grand pardon, où l'on venait lui demander la protection des troupeaux. On offrait des crins – pour la fabrication de pinceaux –, des longes et des mottes de beurre qui étaient vendus au profit de la chapelle. La tradition est toujours respectée à Plonévez-du-Faou.

En VIII^{vet} kantved e veve Herbod evel ur penitour e Berrien. Hervez ar vojenn e oa anezhañ ur c'honter donezonet-kaer a douelle ar wazed... hag a zistroe anezho eus o labour ! Ar maouezed, na oant ket ken kizidik ouzh komzoù ar prezeger donezonet a oa anezhañ, a skarzhas anezhañ kuit eus ar vro. Herbod, a oa en em dennet e Plonevez-ar-Faou, a ranne e amzer etre an arvestiñ hag al labour er parkeier, skoazellet gant daou ejen gwenn, a c'halle pep hini amprestañ, gant ma vijent degaset en-dro... Herbod, gwarezer an tropelloù, zo diskouezet gant div vuoc'h ouzh e dreid e Karnoed.

In the 8th century Herbot lived the life of a hermit at Berrien. The legend says he was a gifted story teller who attracted men and distracted them from work !
Less sensitive to his oral talents, the women chassed him from the country. Retired at Plounevez-du-Faou, Herbot shared his time between contemplation and working in the fields, helped by two white oxen, which anyone could borrow, on condition they were brought back. Protector of herds, Herbot is represented at Carnoet with two cows at his feet.

HERN
HERNIN

Variantes :
Ehernin, Harn, Herlin.

Origine du nom :
Du vieux celtique
eisarnino-s, fort.

**Fêté
le 2 novembre**

**Lieux ayant un lien
avec ce saint :**
Locarn*, Saint-Hernin,
Scrignac.
*Un pardon annuel y est célébré.

Sculpteur :
Seenu Shanmugam

Chantier 2010

Granit : Le Huelgoat

Carrière : Sorodec
Chauvigné (35)

Hauteur : 3 m 50

Poids : 8 tonnes

Hern vivait en ermite au VIe siècle sur la colline de Locarn quand il fut attaqué par la meute de chasse du seigneur de Quelen. Impressionné de voir Hern tenir tête à ses bêtes avec son seul bâton pour arme, il lui offrit toute la terre qu'il pourrait entourer d'un fossé en une journée. Et le saint de chevaucher au grand galop un cerf et de tracer un profond sillon grâce à son bâton miraculeux : le territoire ainsi gagné était immense. Une autre légende veut que bien longtemps après la mort de saint Hern, un cerf, poursuivi par un équipage, se soit arrêté à l'endroit même de la tombe du saint. Les chiens n'avancèrent plus, et c'est ainsi qu'on retrouva l'emplacement du *peniti* du saint, sur lequel on fit construire l'église de Locarn. Les légendes bretonnes donnant tant de place au cerf perpétuent la veine celtique, elle-même chargée de l'imaginaire pré-celtique. Dans sa stratégie de conversion, l'Eglise récupèrera la symbolique païenne au lieu de la supprimer. Ainsi le cerf, animal pré-chrétien accompagnant le mort dans l'espoir d'une renaissance, serait-il mis ici au service du messager de la résurrection. Vous remarquerez la cloche aux pieds du saint, l'un de ses attributs, utile pour attirer la population et diffuser la bonne parole.

Hern/Hernin a veve evel ur penitiour war tosenn Lokarn er VIvet kantved. Taget e voe gant bagad chas aotrou al lec'h met dont a reas Hern, a-benn d'en em zifenn gant e benn-bazh hepken… An aotrou, estlammet an tamm anezhañ, a brofas dezhañ un douaroù a vevennas Hern a-c'haoliad war ur c'harv ! Ar vojenn-se a zle dont moarvat eus kredennoù kozh hag a voe distroet gant an iliz : ar c'harv, loen mojennel ar Gelted, a yae da-heul ar marv en esper un adc'henel.

Hern lived as a hermit on the hills of Locarn in the 6th century. Attacked by a pack of dogs belonging to the lord of the land, Hern successfully defended himself with only the aid of a stick. Impressed, the lord gave him some land the boundaries of which Hern marked whilst riding a deer.
The legend without doubt owes its existence to the conversion of old beliefs into Christian beliefs: the mythical Celtic deer accompanied the deceased in death in the hope they would be reborn.

Hoarne
Hervé

Variantes :
Harvez, Harvian, Herné,
Herveu, Houarné,
Houarneau, Houarno,
Houarvez, Ouarneau.

Origine du nom :
Du breton houarn, fer.
Un homme d'une fermeté
de fer.

Fêté le 17 juin

Lieux ayant un lien avec ce saint :
Bubry, Langoëlan,
Lanhouarneau, Lanrivoaré,
Le Faouët, Pédernec,
Plomodiern, Plouzévédé,
Quemperven, Saint-Hervé,
Saint-Houarneau.

Sculpteur :
Jacques Dumas

Chantier 2011

Granit : Lanhélin

Carrière :
Socal - Lanhélin (35)

Hauteur : 3,50 m

Poids : 8 tonnes

Né au VIe siècle à Plouzévédé, en Petite Bretagne, ermite, puis moine à Plouvien, Hervé vécut en compagnie de son guide, le jeune Guic'haran et d'un loup apprivoisé. Ses fonctions le menèrent au Méné Bré, pour, dit-on, siéger au procès du sanguinaire Konomor, le tyran de la Domnonée. Hoarvian, père d'Hervé, était barde, musicien-poète venu de l'île de Bretagne. Quand Riwanon mit au monde Hervé, l'enfant était privé de la vue. Hervé est le saint patron des poètes et des bardes, ainsi que des aveugles. On lui attribue la composition d'un cantique très répandu, *Kantik ar Baradoz*, le Cantique du Paradis.

Nous avons une trace légendaire du passage du saint à Lanrivoaré où, face au refus de se voir offrir le pain, Hervé pétrifia les 7 pains dans le four de son offenseur. Les 7 pierres sont encore visibles au cimetière des 7 847 saints de Lanrivoaré ! *Seizh mil seizh kant seizh ugent ha seizh a Sent,* selon le système breton par 20 – traduit en français par 7 777 – proche du sens donné. Chiffre symbolique, le 7 est très présent dans les contes.

❖ Herve, bet ganet dall er VI^vet kantved, diwar un tad divroet eus Enez-Vreizh, a vevas e-ser e heñcher, Gwic'haran hag ur bleiz doñvaet. Hervez ar vojenn e vije bet Herve o sezañ e Menez Bre e prosez an tirant gwadsec'hedik Konveur, a oa o ren « Breizh-Vihan » er marese. E Karnoed e kaver arouezioù an dud dall war kizelladur Herve : an dorn distumm, ar vazh, ar c'hi (pe ar bleiz), hag a-dreñv an delwenn an arouezennoù a laka da soñjal en ur skritur Braille ...

Born blind during the 6th century, to a father who emigrated from the British Isles, Hervé lived the life of a monk with his guide, Guic'haran, and a tame wolf. According to legend, Herve sat at Méné-Bré for the trial of Konomor, a bloodthirsty tyrant who reigned over Brittany at that time.
At Carnoet the sculpture of Hervé shows symbols of the visually impaired: the disproportionate hand, the stick, the dog (or wolf) and characters suggesting writing in Braille.

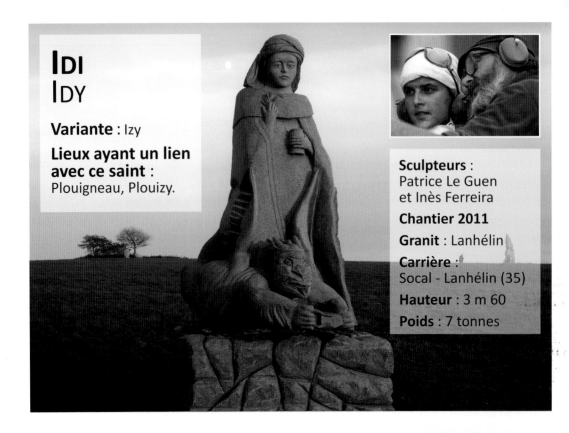

IDI
IDY

Variante : Izy

Lieux ayant un lien avec ce saint :
Plouigneau, Plouizy.

Sculpteurs :
Patrice Le Guen
et Inès Ferreira
Chantier 2011
Granit : Lanhélin
Carrière :
Socal - Lanhélin (35)
Hauteur : 3 m 60
Poids : 7 tonnes

Idy – Izy –, forme bretonne de Issey, est un saint né au IVe siècle en Cornwall et honoré à Saint-Issey (Cornwall). Il est connu en 1195 sous le nom de Sanctus Ydi et de Seynt Isy en 1358. Idy faisait partie d'une fratrie importante – son père, le saint roi Broc'han, Brychan en gallois, aurait eu de ses trois mariages jusqu'à 63 enfants – dont sainte Nennoc, ou Gwenncuff, qui vint rechercher la solitude en Armorique. On voit bien que depuis des époques très reculées, la Manche est un « canal » entre la Bretagne insulaire et l'Armorique pour la circulation des personnes et des marchandises. Les échanges étaient d'autant plus aisés que sur les deux rives l'on parlait deux langues celtiques assez proches l'une de l'autre, en plus du latin chez les nobles. Etalée sur plusieurs siècles, l'arrivée des Bretons en Armorique eut des causes multiples et variées : soif d'aventures ou de vie nouvelle, guerres, épidémies. Fuyaient-ils tous devant les envahisseurs anglo-saxons ? Ces derniers avaient été soumis par les Bretons victorieux à la bataille du Mont Badon, vers l'an 500. À la même époque, la Gaule est envahie et soumise par des Barbares germaniques avec Clovis à leur tête, les Francs. Selon la légende, Idy vint en aide à un imprudent qui avait pactisé avec le diable, représenté au bas de la sculpture. La chaussure qu'il tient entre les mains symbolise son échec : alors qu'il tenait sa victime par le pied, il ne put l'emporter, l'homme, sur les conseils d'Idy, ayant dénoué les lacets de son soulier... Et le démon se retrouva avec la chaussure dans les mains pour seul butin ! Idy prononça alors la formule consacrée gravée à l'arrière de la statue.

Idi, Izi ar stumm brezhonek eus Issey, zo ur sant hag a voe ganet e Kernev-Veur er IVe kantved. N'ouzer ket kalz a draoù diwar e benn, nemet e oa mab d'ar roue kembreat Brec'han (Brychan), en doa bet diskennidi a-leizh, bezet 63 bugel deuet diwar an 3 maouez hag a voe dimezet gantañ...

Idy or Izy, the Breton forms of Issey, is a saint who was born in Cornwall, in the 4th century. We know little about him except that he is the son of Broc'han, a Welsh king, who had numerous descendants, with 63 children from his three marriages ...

JAOUA

Variantes :
Joevin, Iuvehin, Joeven, Joevan, Jois, Joavan.

**Fêté
le 2 mars**

Lieu ayant un lien avec ce saint :
Plouvien (29).

Sculpteur :
Goulven Jaouen

Chantier 2014

L'histoire de ce personnage est surtout connue grâce à l'ouvrage d'Albert Le Grand : *La vie des Saints de la Bretagne Armorique*. Comme souvent, des doutes subsistent sur le lieu de naissance de ce saint, mais il est établi qu'il vécut en Bretagne insulaire dans la première moitié du VIe siècle. Selon la légende, Jaoua vint en Armorique pour rejoindre son oncle l'évêque Pol Aurélien, débarqua au fond de la rade de Brest, à proximité de l'abbaye de Landévennec, où il fut accueilli avec ses compagnons de traversée. Devenu moine, puis prêtre, il fut chargé d'aller évangéliser le pays de Brasparts. Difficile mission apparemment ! Les rudes habitants de ce territoire ne s'en laissaient pas conter et, d'après Dom Loubineau, Jaoua eut *« beaucoup de difficultez , à raison que les paroissiens... peu catéchisez, se rendoient difficiles à gouverner : Jaoua, patient avec les uns, violent avec les autres, les prêchait, les enseignait, les catéchisait, soucieux de les évangéliser, de leur montrer la voie du Seigneur »*. Bel exemple de résistance à la propagation de la foi nouvelle sur les croyances primitives encore vivaces... Le seigneur du lieu, celui du Faou, refusant lui-même de se convertir à la « nouvelle » religion, fit irruption pendant un office et massacra plusieurs prêtres ! Seul Jaoua parvint à s'enfuir. La légende dit qu'après son décès, le 2 mars 554, *« son corps fut mis sur un chariot et on laissa aller les bœufs jusqu'à rupture de l'attelage »*, ce qui survint près de l'actuelle Plouvien. C'est là que Jaoua fut inhumé et des recherches rigoureuses menées à la fin du XIXe siècle ont permis de retrouver le sarcophage de pierre, lequel contenait toujours ses restes.

◈ Jaoua a vevas en Enez-Vreizh er VIvet kantved. Hervez ar vojenn e tilestras e voe gant e geneiled en abati Landevenneg. Deuet da vezañ manac'h, ha beleg da c'houde, e voe lakaet gant e eontr an eskob Paol Aorelian da vont da avielañ bro Brasparzh ma chome roud eus ar baganiezh c'hoazh. Gwall abadenn en doe gant tud ar vro ha gant aotrou al lec'h a oa klouar, pa ne oant ket enebet, ouzh ar « relijion nevez ».

Jaoua lived in Britain in the 6th century. According to legend he landed at Brest harbour where he was welcomed with his companions at the Abbey of Landévennec. He became a monk and then a priest. He was appointed by his uncle, Bishop Pol Aurélien to go and evangelise the region of Brasparts where paganism persisted. He had much to do as both the local lord and the population were reluctant, if not opposed, to the new religion.

KADO
CADO

Variantes : Cadou, Catvael, Canvel, Kadou, Catmel, Catvel, Kadvael, Kadmael, Kadeg, Cadec, Cadeuc, Kadvoz, Cadeau, Cato, Kadog, Cadvoz, Cadvod.

Origine du nom :
Cadoc ou *Kadeg* a le sens de « combattant valeureux ».

Fêté le 21 septembre

Lieux ayant un lien avec ce saint :
Gouesnac'h, Sizun, Loudéac, Ploumiliau, Sévignac, Bannalec, Moëlan-sur-Mer, Béganne, Belz, Ploemel, St-Caradec-Trégomel, Ste-Reine-de-Bretagne, Leucadeuc à Guilliers, Roscanvel-en-Crozon.

Sculpteur : Jacques Dumas
Chantier 2013

Voilà un saint qui a roulé sa bosse ! De la Bretagne insulaire à la Bretagne continentale, de l'Aquitaine à la Palestine, Cado a découvert une grande partie du monde connu à son époque et terminera ses pérégrinations à Rome... Né outre-Manche vers 522, Cado est le fondateur du monastère de Llancarvan, au Pays de Galles, réputé pour avoir été une véritable pépinière de saints celtiques dont sont issus saint Malo et saint Brandan. Saint Gildas aurait également enseigné dans cette abbaye.

Cado a une grande notoriété des deux côtés de la Manche. C'est l'un des saints gallois les plus importants, qui a aussi laissé une très forte empreinte en Bretagne continentale.

Après avoir traversé le *Mor Breizh*, la Manche, et contourné la péninsule armoricaine, il débarque au sud de la Bretagne, et s'installe sur une île de la ria d'Etel, qui porte toujours son nom « Ile Saint-Cado ». Il aurait fait construire la chaussée qui relie cet ilot au « continent » et la légende veut que Satan lui ait proposé de réaliser l'ouvrage en une nuit, moyennant l'âme du premier piéton qui l'emprunterait. Cado accepta et lâcha un chat sur le pont au petit matin...

À la fin de sa vie, Cado rencontre le pape à Rome, qui lui confie l'évêché de Bénévent, dans ce qui deviendra beaucoup plus tard l'Italie. Il y a été assassiné en 570, « transpercé par une flèche de Barbare », et ses reliques auraient été conservées en ce lieu.

Kado, a vevas er VI^{vet} kantved, en doa graet anaoudegezh gant an darn vrasañ eus ar bed anavezet en e vare. Anavezet mat e oa en daou du da Vor Breizh ha krouet en doa manati Llancarfan e Kembre a-raok lezel e anv d'un enezenn e stêr an Intel (56), « Sant-Kado ». Hervez ar vojenn en dije kinniget an diaoul da Gado sevel ur chaoser da liammañ an enezenn ouzh an douar-bras en un nozvezh hepken ma vije roet dezhañ ene an den kentañ a dremenje warnañ war droad. Mintin mat e lakaas Kado ur c'hazh da vont war ar chaoser...

Cado, who lived in the 6th century, discovered a large part of the world known in his time. Well known on both sides of the English Channel, he established the monastery of Llancarvan in Wales and gave his name to an island in the ria of Etel (56), the "Ile St-Cado". According to legend, Satan proposed Cado to build a causeway connecting the island to the mainland in a single night, if he was given the soul of the first pedestrian who would use it. In the morning, Cado left a cat on the causeway...

KADUAN
CADUAN

Variantes :
Cadoan, Catouan.

Origine du nom :
Du gallois ou du vieux breton : combattant, guerrier. Surnom donné à Vennec, fils de Fracan et de Gwenn [cf. p.29], connu également sous la forme de Guéthennoc ou Guézennec.

Lieux ayant un lien avec ce saint :
Brasparts, Bousque Daouen (Bouscadaouen) à Roudouallec.

Sculpteur :
Seenu Shanmugam

Chantier 2013

Granit :
Huelgoat A Brennilis

Carrière :
Parcheminer Clanhel (22)

Hauteur : 4 m 30

Poids : 7 tonnes

Vers 460, Fracan et Gwenn fuient les invasions saxonnes en Bretagne insulaire, emmènent avec eux leurs deux jumeaux, Vennec (Caduan) et Jacut, traversent la Manche et s'installent sur les rives du Gouet dans un lieu qui deviendra plus tard Ploufragan, la paroisse de Fragan (Fracan), de *Plou*, paroisse, et Fragan. Vennec-Caduan succèdera à son père comme chef de clan, et se rendit célèbre par son courage dans la lutte contre les envahisseurs saxons qui envahirent le nord de l'Armorique au Ve et VIe siècle, commettant des violences et des exactions vis-à-vis des populations. En dépit de ses efforts, Caduan fut vaincu et revint en Bretagne insulaire, avec une partie de ses compagnons, dont Pattern, qui deviendra plus tard le fondateur de l'évêché de Vannes.

Au cours de cette partie de sa vie, Caduan sera le fondateur du monastère de l'île de Bardsey, « l'île des marées » en gallois, monastère qui fut occupé jusqu'au XVIe siècle. Ses qualités furent également reconnues dans sa « patrie d'adoption », qu'il avait quittée enfant, et ainsi, il est célébré comme saint au Pays de Galles.

Un autre épisode de l'existence de Caduan, sans doute à son retour en Armorique, relate la création, avec son frère Jacut, d'un ermitage à Landoac (qui fut à l'origine de l'abbaye de Saint-Jacut) où les habitants des environs venaient se faire soigner. Caduan est notamment invoqué pour la guérison des rhumatismes.

Caduan est célèbre à Brasparts, où une chapelle, construite en 1512, lui est dédiée. Il est également le patron de l'église de Poullan.

Kavan (Caduan), mab da Fragan ha da Wenn, a veze gaet Gwenn he Zeir Bronn anezhi, a zilestras e 460 gant e dud e-kichen kêr Sant-Brieg a vremañ. Dont a reas Kavan da vezañ penn ar c'hlann war-lerc'h e dad hag en em vrudañ a reas pa voe stourmet a-enep ar Saksoned a aloubas norzh Arvorig er Vvet hag er VIvet kantved. Trec'het e voe, daoust d'e galonegezh, ha mont a reas da repuiñ e Kembre e-lec'h ma tiazezas manati Enez Enlli. Diwezhatoc'h, goude ma voe distroet da Arvorig, e krouas gant e vreur Yagu, ar peniti e Landohag, a voe e deroù abati Sant-Yagu.

Son of Fracan and Gwenn, known as Gwen Teir Bron, Caduan landed with his parents near to the present town of Saint-Brieuc in 460. He succeeded his father as head of the clan and distinguished himself in the fight against the Saxons who invaded the north of Armorica in the 5th and 6th centuries. Defeated, despite his courage, he took refuge in Wales where he founded the Bardsey Island monastery. Later, after his return to Armorica, he created with his brother Jacut, a religious retreat at Landoac.

KAOURINTIN
CORENTIN

Variantes :
Caourentin, Cowrentin, Kaourentin.

Origine du nom :
Du breton *karantez*, amour, charité, amitié.

Fêté le 12 décembre

Lieux ayant un lien avec ce saint :
Briec-de-l'Odet, Carnoët, Ile de Sein, Le Trévoux, Neulliac, Plomodiern, Plonevez-Porzay (reliques), Quimper, Saint-Connan, Vieux-Bourg.

Sculpteur :
Seenu Shanmugam

Chantier 2009

Granit : Le Huelgoat

Carrière : Sorodec Chauvigné (35)

Hauteur : 4 m

Poids : 7 tonnes

Né en Armorique au Ve siècle d'un père breton immigré, le jeune Kaorintin se retira dans la forêt de Névet près du Menez-Hom pour y mener une vie d'ermite. Après une vie de contemplatif au contact des bêtes et des arbres, il accepte la charge d'évêque que lui proposait le roi Gradlon Meur – Gradlon le Grand – celui de la légende de la Ville d'Ys. Saint Corentin s'établit à Kemper-Odet, aujourd'hui Quimper, et en fit le siège du nouvel évêché de Cornouaille (Kernev). La ville fut alors dénommée Kemper-Kaorintin. Avant la Révolution, un homme montait en croupe sur la statue équestre du roi Gradlon entre les deux tours de la cathédrale et, après avoir trinqué avec le royal cavalier dans une coupe en or, il lançait celle-ci à la foule.

Pourquoi l'artiste a-t-il fait figurer un poisson sur la sculpture de saint Corentin ? La légende raconte que l'ermite Kaorintin se nourrissait d'aumônes et aussi d'herbes sauvages, mais surtout d'un morceau de la chair du poisson miraculeux qui vivait dans la fontaine de l'ermitage, et qu'il retrouvait vivant et... intact chaque matin !

Kaourintin, Eskob kentañ Kerne, a voe ganet er V^{vet} kantved, diwar un tad kembreat divroet da Vreizh. Roet e voe e anv d'ar gêr a voe krouet tro-dro d'al lec'h m'en em stalias, Kemper-Kaourantin, Kemper bremañ. Hervez ar vojenn e veze debret bemdez gant Kaourintin un darn eus ar pesk burzhudus a veve e feunteun ar peniti hag a veze adkavet en e bezh gantañ bep mintin !

The first Bishop of Cornouaille, Corentin/Kaorintin was born in the 5th century from a Welsh father who had emigrated to Brittany. He gave his name to the town he created around the place where he settled, Kemper-Kaorintin, the present Quimper. According to the legend, each day, Kaorintin ate a piece of the fish which lived in the fountain of the hermitage, and which he miraculously found intact every morning !

KARANTEG
CARANTEC

Variantes :
Carantoc, Karantoc, Carannog, Caranoc.

Origine du nom :
Du breton *karoud*, aimer.

Fêté le 16 mai

Lieux ayant un lien avec ce saint :
Carantec, Trégarantec.

Sculpteur :
Norbert Le Gall

Chantier 2011

Granit :
Bignan Jaune Aurore

Carrière :
Générale de Granit

Hauteur : 3 m 70

Poids : 15 tonnes

Fils de Ceredic et petit-fils de Cuneda, le fondateur du Pays de Galles au VIᵉ siècle, Carantec refusa la place de chef de guerre pour une vie érémitique dans une caverne, à Gerit Karantog. C'était un départ sans retour, la perte de la protection du clan, avec pour seule arme son bourdon, bâton du voyageur, et pour bouclier sa cloche qui sonnait d'elle-même. L'entraînement était rude : jeûne, silence, postures corporelles immobiles, séries de prosternations, récitation incessante de psaumes et étude. Il vécut auprès de saint Patrick en Irlande, et saint Thénénan fut son élève en Armorique. Il est connu en Irlande, Somerset, Bretagne et en Cornouailles britanniques... à Crantock (ville jumelée avec Carantec) où notre saint commun est toujours chez lui, dans l'église qui porte son nom, représenté avec une colombe sur l'épaule. En effet, selon la tradition, Carantec-Crantock aurait été « guidé » par une colombe jusqu'à une clairière où le saint aurait décidé de construire son église. Comme les autres saints hommes de ce temps, Carantec savait guérir les malades et les infirmes, commander aux bêtes sauvages et aux arbres, et aussi convaincre lors de joutes entre érudits. Une vie du saint veut qu'il ait rencontré le roi Arthur et qu'à sa demande il ait vaincu un dragon. Une statue le représente dans l'église de Carantec tenant un saint Thénénan de petite taille par la main.

Karanteg a vevas er VIᵛᵉᵗ kantved. Mab-bihan dag Cunedda, diazezer Kembre e oa met nac'hañ a reas dont da vezañ pennbrezel evel ma c'houlenne e glann digantañ. Dibab a reas bevañ ur vuhez penitiour, ma'z ae « ar pedennoù, an distag diouzh ar bed hag ar gred abostolek » d'ober ar braz eus e amzer. Anavezet eo Karanteg e Kernev-Veur, en Iwerzhon, hag evel-just, e Breizh. Holl c'halloudoù ar sent eus e vare en doa : pareañ an dud klañv hag an dud aflijet, ren al loened gouez.

Karanteg lived in the 6ᵗʰ century. Grandson of Cuneda, the founder of Wales, he refused the role of war chief assigned to him by his clan, and chose instead the life of a hermit, where prayer, withdrawal from the world and apostolic zeal occupied most of his time. Karanteg is known in Cornwall, Ireland, and, of course, Brittany. He possessed all the virtues of the "saints" of his time, such as curing the sick and infirm and controlling wild beasts.

KEO

Variantes :
Kio, Kew, Caio, Caihou,
Quio, Queau, Keau,
Quion, Quia, Thia.

**Fêté
le 7 février**

**Lieux ayant un lien
avec ce saint :**
Saint-Thia en Collinée,
Coat-Quéau en Scrignac,
Saint-Quio en Cleguer,
Saint-Quion en Quistinic,
Loquion en Gestel.

Sculpteur :
Jacques Dumas
Chantier 2014

En dehors des localités auxquelles il a donné son nom et où un culte lui était voué, on ne connaît quasiment rien sur la vie de ce saint. Celui-ci était représenté en moine à Koat Keo en Scrignac sur un calvaire aujourd'hui disparu, à proximité d'une ancienne chapelle, qui a été reconstruite en 1937.

Saint Keo tient une pelle dans sa main gauche qui pourrait représenter son désir de défricher les territoires, faire disparaître le paganisme et l'idolâtrie pour installer la foi chrétienne ; ou encore la construction de la première chapelle de Scrignac au Xe siècle dont il serait le fondateur.

En tu-hont d'ar c'hêriadennoù zo bet roet e anv dezho hag e-lec'h ma veze azeulet ne ouzer hogos netra diwar-benn buhez ar sant-se. Hemañ a oa diskouezet gwisket evel ur manac'h e Koatkeo, e Skrigneg, war ur c'halvar aet da netra hiziv an deiz, e-kichen ur chapel gozh hag a voe adsavet e 1937.

Except for the towns which he gave his name to and where he was worshipped, we know virtually nothing about the life of this saint. He was represented as a monk at Koat Keo in Scrignac, on a calvary cross (which today has disappeared) near to an ancient chapel which was rebuilt in 1937.

KIREG
GUIREC

SANT KIREG

Variantes :
Dillec, Gueran, Guerec, Guevroc, Gireg, Guireu, Guireuc, Guiroc, Guillec, Illec, Quirec.

Fêté le 17 février

Lieux ayant un lien avec ce saint :
Landerneau, Locquirec, Perros-Guirec, Ploudaniel, Ploumanac'h, Saint-Durec, Saint-Guéran, Trébabu, Tréfiez, Tréguier.

Sculpteur :
Seenu Shanmugam

Chantier 2011

Granit : Rose

Carrière :
Hignard Granits Lanhélin (35)

Hauteur : 4 m

Poids : 7 tonnes

Kireg – Guirec – accompagna saint Tugdual depuis le Pays de Galles jusqu'à l'établissement de Lan-Trecor, qui devint Tréguier, et puis vint avec quelques compagnons moines-ermites fonder Lan-Guevroc, devenu Loc-Kirec, lieu consacré à saint Guirec. Son périple dans le pays du Léon l'amena à seconder saint Pol Aurélien à Kastell-Leon, Saint-Pol-de-Léon aujourd'hui.

Kireg, selon la légende, a débarqué à Ploumanac'h où l'oratoire sur la grève rappelle la venue. Le monument est en partie immergé à marée haute. Les jeunes filles y venaient pour planter une aiguille dans le nez du saint dans le but de trouver un mari. Une statue de granit ayant remplacé celle en bois, il n'y a plus de jeunes filles pour attendre, l'espoir au cœur, le début de la basse-mer !

En face se trouvent les Sept-Iles, au nombre de cinq, inhabitables sauf l'Ile-aux-Moines sur laquelle Kireg aurait vécu en ermite. *Sentiles* selon une ancienne graphie bretonne, *Sent-*, des Saints et *-iles*, variante de iliz, église, ou déformation de *enez*, île : n'est-ce pas plus proche de la réalité ?

Hervez ar vojenn e tilestras Gireg, genidik eus Kembre, e Ploumanac'h ma'z eus ul lec'h-pediñ a zegas soñj eus e zonedigezh. Hemañ, kompagnun Tudual, a gemeras perzh e staliadur Landreger, hag e hini Lokireg (Log+Gireg), da c'houde. Eiler sant Paol Aorelian e Kastell-Paol e voe ivez. Betek ar mare a vremañ e teue ar merc'hed yaouank dizimez da sankañ ur spilhenn e fri delwenn (koad) ar sant. Ma chome ar spilhenn sanket en e fri e c'halled kaout esperañs ! Den n'en deus gallet gouzout petra a lakaas termen d'ar boazamant dudius-se... an delwenn koad kemeret he lec'h gant un delwenn c'hreunit, pe paotadur an ajañsoù-dimeziñ ?

According to legend, Kireg who was originally from Wales, landed at Ploumanac'h where an oratory recalls his coming. A companion of Tugdual, he took part in establish-ing Tréguier and then Loc-Kireg, Loquirec. He was also assistant to St Pol Aurélien at St-Pol-de-Léon. Up to the contemporary period, young lonely girls came to put a nail in the nose of the wooden statue of the saint. If the nail held, all their hopes might be granted. It is probably the changing of the wooden statue to one in granite that put a stop to this charming tradition...

KLER
CLAIR

Origine du nom :
Du latin *clarus*, clair,
brillant, éclatant.

Fêté le 10 octobre

**Lieux ayant un lien
avec ce saint** :
Daoulas, Nantes, Plessé,
Plonévez-du-Faou*,
Réguigny (relique).
Un pardon annuel y est célébré.

Sculpteur :
David Puech

Chantier 2011

Granit :
Rose de La Clarté

Carrière : BGP
Louvigné-du-Désert
(35)

Hauteur : 4 m

Poids : 10 tonnes

S aint Clair fut le premier évêque de Nantes au IIIe siècle. On connaît peu de la vie de ce saint sinon qu'il dut subir les avances d'une noble dame qui, devant son refus, le fit poursuivre pour le faire décapiter. Le bras du bourreau ayant failli, saint Clair fut amputé d'une partie de sa boîte crânienne qu'il porta malgré sa cécité jusqu'à la fontaine proche et fut guéri.

Considéré comme un tenant de l'enseignement de l'Eglise primitive, son culte est toujours bien vivant à Réguigny où il serait mort. Il est invoqué pour les maladies des yeux.

Au IIIe siècle, Nantes était une cité importante et le port d'attache de la flotte chargée de la protection du trafic maritime jusqu'aux côtes de l'Ecosse actuelle. En 850, Nominoë conquiert la cité qu'il rattache à la Bretagne en même temps que Rennes. Est-ce dû à ce rattachement tardif que ces deux évêchés ne sont pas visités lors du Tro-Breiz ? Chacun d'eux est cependant représenté sur le *Gwenn-ha-du*, le drapeau breton, par une bande blanche, symbole d'un évêché de Haute-Bretagne.

Kler a voe Eskob kentañ Nao-ned en IIIe kantved. N'ouzer ket kalz a dra diwar e benn. N'en dije ket roet ton d'un itron nobl, war a seblant, hag abalamour da se e oa bet darbet dezhañ bezañ kaset d'ar marv (pebezh mare !), met ar bourev, dornet-fall anezhañ, ne droc'has (nemet !) ul lodenn eus e benn ha koll a reas ar gweled. Hervez ar vojenn e vije aet a-stlej betek ur feunteun ha pareet e vije bet… Evit yac'haat an daoulagad e vez pedet Kler, sant ar sklaerder.

Kler was the first bishop of Nantes in the 3rd century. Little is known about him. He is said to have declined the advances of a noble lady and was sentenced to death for this reason (what a century!). The clumsy executioner, however, only managed to cut off a part of his head and he lost his sight. The legend states that Kler dragged himself to a fountain and was cured… As his name strongly suggests, Kler is associated with diseases of the eye.

KONOGAN
CONOGAN

Variantes :
Guénégan, Kénégan, Guénoc.

Fêté le 15 octobre

Lieux ayant un lien avec ce saint :
Beuzit-Conogan, Landerneau, St-Conogan, Plomelin, Bolazec, Lanvenegen, Le Faouët, Glomel.

Sculpteur :
Olivier Lévêque

Chantier 2012

Granit : Gris de Maël-Pestivien (bateau) + Bignan Jaune Aurore (buste)

Carrières :
Maël-Pestivien (22)
Jaune Aurore de Bignan (56)

Hauteur : 3 m 50

Poids : 22,5 tonnes

Originaire d'Irlande et ayant sans doute transité par le Pays de Galles, Konogan vécut au VIe siècle. Compagnon de saint Pol Aurélien, il créa un monastère sur la rivière Elorn à Beuzit-Conogan, paroisse supprimée à la Révolution. Il fut aussi un disciple de saint Gwénolé (fondateur de Landévennec) et c'est par cette abbaye que son culte s'est répandu en Bretagne. Pour Albert Le Grand qui réalisa au XVIIe siècle un important travail de collecte qui servira de trame au *Buhez ar Sent*, la Vie des Saints en breton, Konogan/Guénégan serait né en Bretagne continentale, dans le Léon. Ce qui est historiquement établi avec certitude, c'est que Konogan, qui mourut en 456, est considéré comme le successeur de saint Corentin, le premier évêque de l'ancien diocèse de Cornouaille (Quimper). La légende entourant ce saint est inséparable du *bag sant Konogan*, le vaisseau en pierre sur lequel il serait arrivé en Bretagne, qui renvoie aux auges en pierre, qui servaient à lester les *curraghs*, bateaux en cuir ou en peau, sur lesquels les moines évangélisateurs ont traversé la Manche à partir du Ve siècle. Selon l'office de tourisme de Beuzec-Cap-Sizun (29), le *bag sant Konogan*, situé sur le territoire de la commune, est « une roche monumentale de 8 m sur 3... [qui] évoque la proue d'un bateau dirigé vers la mer située à quelques centaines de mètres de là ». La sculpture réalisée à la Vallée des Saints par Olivier Lévêque, fidèle à la légende, représente Konogan en majesté sur son vaisseau de pierre ! Saint thaumaturge, Conogan tient sa burette d'eau bénite pour guérir le malade représenté sur le bateau, entouré de cercles, symboles de protection.

Konogan, warlerc'hiad sant Kaourintin, eskob kentañ Kemper, a vevas er Vvet kantved. Eus pelec'h e teue ? Daou zoare eus an istor-se zo. Gallout a raje bezañ bet ganet en Arvorig, e Bro-Leon a vremañ. Met gallout a raje ivez bezañ unan eus ar venec'h avielerien a oa deuet eus Iwerzhon pe eus Kembre... Ne c'haller ket dispartiañ e vojenn diouzh ar vag vaen ma vije degouezhet e Breizh en he bourzh. « Bag sant Konogan », a c'haller gwelet e Beuzegar-C'hab, zo ur roc'h bras-divent 4 m war 3 m, heñvel he stumm ouzh ur vag.

Conogan succeeded Saint Corentin, the first bishop of Quimper, and lived in the 5th century. He might have been born in Armorica, in today's Léon. He could also have been one of the evangelistic monks from Ireland or Wales... His legend is inseparable from the stone vessel in which (it is said) he arrived to Brittany, the *bag sant Konogan* (or Saint Conogan's boat), which can be seen near to the town of Beuzec-Cap-Sizun in Finistere (29). It is a monumental rock measuring more than 4 by 3 meters which resembles a boat in shape.

KORNELI
CORNELY

Variantes :
Cornély, Cornelli, Carneli.

Origine du nom :
Cornely est la forme
bretonne de Corneille
(*Cornelius* en latin)

**Fêté le 14 ou 16
septembre**

**Lieux ayant un lien
avec ce saint :**
Carnac, Peaule,
Questembert, St-Cornély,
Plouhinec, Port-Louis,
Kergrennec, Muzillac,
La Chapelle-des-Marais,
Saint-Cornelly en
Cornouaille britannique.

Sculpteur :
Goulven Jaouen
Chantier 2013
Granit :
Bleu de Plouigneau
Hauteur : 3 m
Poids : 10 tonnes

Romain d'origine, Cornelius – Cornely – fut élu pape en 251. Mais sa désignation n'est pas acceptée par l'ensemble de l'église et il est déporté par l'empereur romain Trebonien Galle dans un lieu de réclusion en 252. Selon une légende bretonne, Cornely parvint à s'échapper et s'enfuit vers l'Ouest, poursuivi par les soldats de l'empereur, ses bagages étant transportés par deux bœufs. Acculé devant l'océan, il se retourna vers ses poursuivants, et dissimulé dans l'une des oreilles de ses bœufs, leva la main en direction des légionnaires romains, qui furent aussitôt transformés en autant de menhirs qu'il y en a aujourd'hui à Carnac...

Le culte de Cornely est répandu dans le sud de la Bretagne, une partie du Finistère (Gourlizon) et des Côtes d'Armor. Il est le protecteur des bêtes à cornes pour ce secteur géographique, Saint-Herbot remplissant la même fonction pour le nord de la Bretagne. Saint Cornely est représenté en pape avec une ou deux vaches à ses pieds.

Pour d'autres auteurs, Cernunnos, dieu celtique représenté avec des cornes de cerf, très populaire parmi les Celtes, a pu être « reconverti » en saint chrétien, saint Cornely, pour faciliter la pénétration de l'église romaine au cours des premiers siècles, alors que les croyances païennes, encore très répandues, faisaient de la résistance... Beau sujet de débat entre historiens !

Cornelius, ur pab gwririon bet dilennet e 251, a voe lamet e garg digantañ gant pennadurezhioù Roma e 252 hag a rankas tec'hel kuit diouzh Roma. Hervez ur vojenn eus Breizh e voe redet war e lerc'h gant soudarded an impalaer. Hag eñ en em gavet dirak ar mor-bras tost d'al lec'h m'emañ Karnag bremañ. Treiñ a reas, kuzhet en unan eus skouarnioù an ejened a oa o kas e bakadoù, ha sevel a reas e zorn war-zu al lejionidi roman. Chom a reas ar re-se krenn a-sav ha troet e voent e peulvanoù... Eno emaint bepred !

Cornelius, elected pope in 251, was deposed by the Roman authorities in 252 and had to flee Rome and, according to a Breton legend, was pursued by the soldiers of the Emperor. Hidden in one of the ears of the cattle which transported his luggage, he thus reached the ocean near to where Carnac now is; unable to go any further, he then turned around, raised his hand in the direction of the Roman soldiers, who just froze and were transformed into menhirs... They are still there !

KOUPAÏA
COUPAIA

Variantes :
Pompe, Pompée,
Pompeia, Pounpaïa,
Poupaïa, Punpaïa.

Origine du nom :
Du latin *Pompeia*,
prénom de femme.

Fêtée le 26 juillet

**Lieux ayant un lien
avec ce saint :**
Langoat (reliques et
gisant).
*Un pardon annuel y est
célébré.*

Sculpteur :
Patrice Le Guen
Philippe Leost

Chantier 2012

Granit : Lanhélin

Carrière :
Socal - Lanhélin (35)

Hauteur : 3 m 80

Poids : 7 tonnes

Mariée à Hoël le Grand, roi de Petite Bretagne au VIe siècle, Alma Coupaia est la mère de saint Tugdual, de sainte Sève et de saint Leonor. Après l'invasion de leur pays par les Francs et les Frisons vers l'an 509, les membres du clan se réfugient en Bretagne Insulaire, d'où Hoël le Grand repartira avec une nouvelle armée et parviendra à chasser les envahisseurs (bataille de Carantec vers 513). Plusieurs années plus tard, en compagnie de 72 parents et amis, Coupaïa traversa à son tour la *Mor Breizh* – La Manche – lors du voyage mené par son fils, Tugdual, dans le but de fonder des monastères. La petite troupe débarque sur la côte du pays du Léon, à *Konk-Leon* – le Conquet aujourd'hui – et se pose à proximité, à *Lann-Pabu*, devenu Trébabu. Elle suit son fils et ses disciples et finit par s'installer près du monastère que celui-ci avait fondé près de *Trecor*, Tréguier. C'est ici qu'elle rendra l'âme. Des scènes de sa légende sont reproduites sur les panneaux en bas-reliefs de son cénotaphe dans l'église de Langoat. Koupaïa est invoquée pour la protection des jeunes enfants et pour favoriser les grossesses.

Koupaia, gwreg Hoel Veur, roue « Breizh-Vihan » er VIvet kantved, zo mamm da dri sant, Tudual, Seo ha Leonor. Aet e oa Koupaia da repuiñ en tu all da Vor Breizh goude un aloubidigezh e 509 ha distroet e oa da Vreizh un nebeud bloavezhioù war-lerc'h gant ar pal skignañ ar feiz kristen. Gant e vab Tudual e krouas meur a vanati, en o zouez hini Treger e Landreger hiziv an deiz, ma'z echuas he buhez.

Wife of Hoel le Grand, King of Brittany in the 6th century, Kopaïa was the mother of three saints, Tugdual, Sève and Leonor. After taking refuge in Britain following an invasion in 509, Kopaïa returned to Brittany some years later, in order to spread the Christian faith there with her son Tugdual. They created several monasteries, including Trecor, today called Tréguier, where she was to finish her life.

LUNER
LUNAIRE

Variantes :
Léonor, Lunair, Luner, Loenorus.

Origine du nom :
Origine incertaine, serait inspiré du terme grec *eleos*, qui signifie miséricorde, compassion

Fêté le 1er juin

Lieu ayant un lien avec ce saint :
Saint-Lunaire

Sculpteur :
Olivier Lévêque

Chantier 2013

Granit : Lanhélin

Carrière :
Socal - Lanhélin (35)

Hauteur : 3 m 50

Poids : 10 tonnes

Fils de Alma Pompeïa (sainte Koupaïa) et de Hoel Le Grand, roi de la Petite Bretagne, au Ve siècle, Lunaire, originaire d'Irlande, né en 509, arrive en Armorique en 535, où il rejoint son frère, Tudwal. Il débarque sur la côte nord de la Bretagne, dans un lieu qui s'appellera d'abord Pontual, ou Port-Tudwal, à l'emplacement de l'actuelle Saint-Lunaire.

Selon la légende, Lunaire aurait voyagé avec 72 compagnons, et aurait dû trancher, avec son épée, le brouillard qui avait égaré son embarcation pendant la traversée. Il est invoqué par les marins en difficulté et il est le « patron de la brume ». Il n'est pas étonnant que Lunaire soit aussi invoqué pour les maladies des yeux ! Là où il accosta, à l'emplacement de la ville qui porte son nom, Lunaire est à l'origine de la création d'un monastère et d'un couvent qui lui survécut plusieurs siècles. Lunaire s'alliera avec Childebert, « roi de France et de Bretagne », pour protéger son territoire contre la convoitise de Conomore, personnage controversé, une sorte de « Barbe Bleue », pour les uns, de héros pour les autres pour avoir réalisé une première unité de la Bretagne... Plusieurs auteurs indiquent que Lunaire, à la fois personnage temporel et religieux, aurait été l'évêque d'Aleth, avant Malo, pourtant généralement présenté comme le premier « titulaire » du siège.

Luner, mab Koupaia ha Hoel Veur, a voe ganet in Iwerzhon e 509 hag a erruas en Arvorig e 535, ma oa aet da gavout e vreur Tudual. Dilestrañ a reas en aod e norzh Breizh, e-lec'h m'emañ Sant-Luner hiziv an deiz. Hervez ar vojenn en dije treizhet Mor Breizh gant 72 kompagnun, ha troc'het en dije al latar ma oant dianket gant e gleze... Skoulmañ a reas Luner emglev gant Childebert, roue Bro-C'hall, evit gwareziñ e zomani a-enep droukc'hoant Konveur, ur seurt paotr e varv glas evit tud zo, ur seurt haroz evit lod all, evit bezañ unvanet Breizh evit ar wech kentañ...

Lunaire, the son of Koupaïa and Hoel the Great, was born in Ireland in 509. He arrived in Armorica in 535 where he met up with his brother Tudwal. He disembarked on the north coast of Brittany, at the site of the present St-Lunaire. According to legend, he got lost in the fog when crossing the Channel with 72 companions, so he sliced through the fog with his sword... Lunaire formed an alliance with Childebert, the King of France, to protect his domain against the greed of Conomore who is a sort of Blue Beard to some but a hero to others as he achieved the first united Brittany...

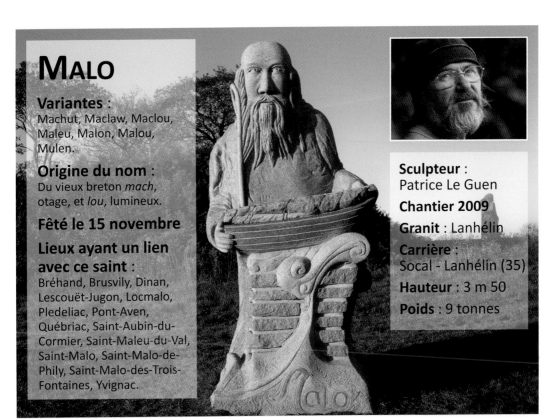

MALO

Variantes :
Machut, Maclaw, Maclou, Maleu, Malon, Malou, Mulen.

Origine du nom :
Du vieux breton *mach*, otage, et *lou*, lumineux.

Fêté le 15 novembre

Lieux ayant un lien avec ce saint :
Bréhand, Brusvily, Dinan, Lescouët-Jugon, Locmalo, Pledeliac, Pont-Aven, Québriac, Saint-Aubin-du-Cormier, Saint-Maleu-du-Val, Saint-Malo, Saint-Malo-de-Phily, Saint-Malo-des-Trois-Fontaines, Yvignac.

Sculpteur :
Patrice Le Guen

Chantier 2009

Granit : Lanhélin

Carrière :
Socal - Lanhélin (35)

Hauteur : 3 m 50

Poids : 9 tonnes

Saint fondateur, Malo vient, lui aussi, du Pays de Galles au VIe siècle et eut saint Brendan pour maître. L'histoire raconte qu'il est venu à Aleth, devenu plus tard Saint-Servan, mais les relations tendues avec les rois locaux et la population l'obligèrent à partir en Saintonge. Pas facile de réformer les croyances et les mœurs !

Les exploits de Malo sont à rechercher ailleurs, dans la légende qui narre ses aventures avec saint Brendan et l'équipage parti à la recherche de l'île du Paradis terrestre. Sur leur *curragh* à la carène de cuir et aux membrures de bois qui les portera pendant sept ans sur les mers du globe, les aventures seront nombreuses. Dans la veine des *imm.ama* irlandais, le voyage est avant tout initiatique. Ainsi, ils abordent une île inconnue qui, une fois l'office terminé, se met en mouvement et s'enfonce dans l'océan.

Dans les Contes des Mille et une Nuits, Sinbad le marin vit la même expérience. Sans parler de Jonas de l'Ancien Testament ! Les images et symboles des contes du monde entier se rejoignent dans une même approche du mystère de la Quête.

Malo, sant diazezer, eskob kentañ Aled (deuet diwezhatoc'h da vezañ Sant-Servan ha goude Sant-Maloù), a oa deuet eus Kembre er VIvet kantved. Dre ma ne voe ket degemeret mat gant tud ar vro e rankas mont kuit da Saintonge... Ar vojenn, ar skeudennoù hag an arouezioù zo tro-dro da Valo, an enezenn zianav hollvrudet a sank en dour, a laka ac'hanomp da soñjal er c'hontadennoù hollvedel evel ar c'hontadennoù « Mil nozvezh hag unan », pe c'hoazh hini Jonaz en Testamant kozh...

One of the founding saints and first bishop of Aleth (which later became Saint Servan then Saint Malo), Malo who came from Wales in the 6th century, was not well accepted by the local populations and had to leave for Saintonge... The legend, the images and the symbols that surround Malo, such as the famous unknown island sinking into the water, remind us of other myths like Arabian Nights or the legend of Jonah in the Old Testament.

MAODEZ
MAUDEZ

Variantes :
Modez, Maudet, Vaodez, Maudé, Mandé, Mawded, Modé.

Origine du nom :
Du vieux celtique *Magu-Tid*, serviteur de Dieu.

Fêté le 18 novembre

Sculpteur :
Christophe Antoine, dit Kito
Chantier 2014

Maudez, qui aurait vécu au VIe siècle, est le saint le plus populaire de Bretagne après Saint Yves. Plus d'une vingtaine de lieux portent son nom ou en sont issus, et environ soixante chapelles lui ont été dédiées dans le Trégor, le Léon, le Penthièvre et la Cornouaille. Les sources divergent sur son origine : Irlandais, Gallois, Breton ? Ce qui semble attesté, c'est qu'il suivit une éducation et une formation religieuse précoce et qu'il séjourna au monastère de Llancarvan, réputé pour être une véritable « pépinière » de saints. Après avoir participé à l'évangélisation de la Cornouaille insulaire, où une localité, Saint-Mawes, près de Falmouth, conserve son souvenir, Maudez émigre en Armorique, et, selon la tradition débarque à l'emplacement de l'actuelle Pleubian. Il visite plusieurs monastères avant de se fixer à Lanmodez, littéralement : l'ermitage de Maudez. Sa popularité déjà grande attire trop de monde à son goût, et il se retire sur un îlot de l'archipel de Bréhat, appelé depuis Saint-Modez. Il s'installe sur cette île avec deux disciples, Bothmaël (certaines sources évoquent également Budoc) et Tudy, la rend habitable en la débarrassant des insectes, serpents, vers... La cellule du saint, « ronde comme un four à pain », *Forn Sant Maudez*, ainsi qu'une grande pierre réputée lui ayant servi de lit, *Gwele Sant Maude*, sont encore visibles de nos jours... Maudez était (est...) invoqué contre les vers, les fièvres infantiles, les maladies des yeux, les furoncles, les maux de pieds, et naturellement les morsures de serpents, qu'il avait éradiqués sur son îlot. Comme le note Joseph Chardronnet dans son *Livre d'or des Saints de Bretagne*, la notoriété de ce saint est « surprenante quand on sait si peu de choses de sa vie... ». Peut-être l'explication réside-t-elle dans la foi des populations dans ses talents de guérisseur ? Maudez fait partie de cette tradition de saints guérisseurs bretons que l'Église a combattus en vain !

Gant ouzphenn 20 lec'h zo bet lakaet e anv dezho ha war-dro 60 chapel zo gouestlet dezhañ, Maodez zo an eil sant e « loreadeg » sent Breizh ! Sant Erwan hepken zo araozañ. Deuet e oa Maodez eus unan eus « remziadoù » Llancarvan, ur manati hollvrudet e-lec'h ma oa bet stummet sent niverus-kenañ. Kemeret en doa perzh e labour avielañ Kerne da gentañ a-raok mont da Arvorig. Goude bezañ bet o vont hag o tont un tamm e pep lec'h e Breizh-Vihan en em stalias gant daou gompagnun en un enezenig tost da Enez-Vriad hag a zo anvet eveltañ hiziviken.

With 20 or more places which carry his name and around 60 churches which are dedicated to him, Maudez arrives second in the 'hit parade' of the Breton saints. Only overtaken by Saint Yves. He was a student who graduated from Llancarvan, an illustrious monastry where numerous saints were formed. Maudez participated at the evangelisation of Cornwall before rejoining the Bretons. After having wandered around Brittany, he settled with two companions in an isle close to Brehat which now carries his name.

MEREC

Variantes :
Mereuc

Origine du nom :
Il s'agit peut-être d'un diminutif du breton *mor*, grand, important.

Lieux ayant un lien avec ce saint :
Trémereuc en Ploubalay, Trévérec en Lanvollon, Trévereuc en La Chapelle aux Filtzméens, Trémereuc en St-Méloir des Ondes, St-Mérec en Kergrist.

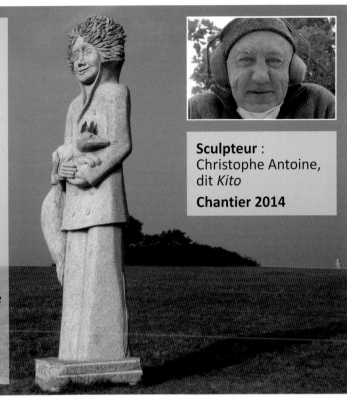

Sculpteur :
Christophe Antoine, dit *Kito*

Chantier 2014

Personnages légendaires, les sept saints Merec, nés le même jour, sont aussitôt abandonnés dans les bois par leur mère... Voilà une histoire qui commence très mal ! Généreuse, la nature viendra les secourir sous la forme d'une chèvre blanche ou d'une biche qui les prendra sous sa protection et les allaitera. Le sculpteur a utilisé les traits du *Petit Prince* de Saint-Exupéry pour figurer saint Merec. Les deux personnages vont en effet rencontrer un renard, rencontre salutaire pour notre saint breton qui sera amené par cet animal auprès de la biche qui prendra soin de lui. Le souvenir de la légende attachée à Merec s'est perpétué : autrefois, il n'y a pas encore si longtemps, à Saint-Mérec, à la veille du pardon, « une biche venait toujours sous le porche de la chapelle pour se reposer et rendre hommage, à sa façon, aux saints de ce lieu » et, naturellement, honorer ses fils adoptifs. Vous souriez ? Eh bien, pourtant chaque année, les habitants du village préparaient une litière de paille pour leur hôte sous le porche de la chapelle... L'époque moderne sied moins au merveilleux et la biche a désormais espacé ses visites ! Mais elle viendrait toujours, au pied de de la crèche, à Noël. Serait-ce la magie du nombre sept ? Les frères Merec, dont la légende dit qu'ils tous devenus évêques, sont (ont été) plus ou moins confondus avec les sept saints fondateurs de la Bretagne.

Ar seizh sant Mereg, sent mojennel anezho, a voe dilezet gant o mamm goude o ganedigezh... Gant ur c'havr wenn pe un heizez e voent advabet ha maget ! Padet eo ar vojenn-se ha betek n'eus ket pell zo e teue un heizez da ziskuizhañ dindan porched chapel Sant Vereg da zerc'hent ar pardon. Eno e veze lakaet ur c'houzeriadenn golo gant an annezidi... Ne zere ket kement ar marevezh modern ouzh ar marzhoù, met dont a raje bepred an heizez, a-hervez, e-harz ar c'hraou da Nedeleg.

Legendary characters, the seven Merec saints were abandoned by their mother at their birth and a white goat or doe is said to have adopted and fed them. This legend has perpetuated and right up until recent times, a doe came on the eve of the pardon to rest under the porch of the church of St Merec, where a bed of straw was prepared for it by the locals. Modern times are not so suited to enchantment, but the doe is still said to come to the crib at Christmas.

MILIO
MILIAU

Variantes :
Meiliaw, Méliau, Meliaw
Mesliau, Milliau.

Origine du nom :
Nom d'une dynastie royale
bretonne.

Fêté le 24 juillet.

**Lieux ayant un lien
avec ce saint :**
Guimiliau, île Miliau,
Lampaul-Guimiliau,
Locronan (troménie),
Plonevez-Porzay*,
Ploumilliau, Plumeliau.

*Un pardon annuel
 y est célébré.*

Sculpteur :
Norbert Le Gall

Chantier 2012

Granit :
Maël-Pestivien

Carrière :
Maël-Pestivien (22)

Hauteur : 3 m 50

Poids : 13 tonnes

Si au moins trois personnages sont connus sous le nom de Miliau, dont un moine au Vᵉ ou VIᵉ siècle et un prince arrivé de la cité d'Aleth, la tradition y reconnaît un roi de Cornouaille, père de Mélar. La légende dit que Miliau fut assassiné par son frère Rivold, jaloux de l'amour que le peuple portait à son roi. Saint Miliau est un saint céphalophore, c'est-à-dire portant sa propre tête entre les mains, la tradition voulant qu'il soit mort par décapitation. C'est sous cette forme qu'on peut le voir sur les panneaux en bas-reliefs dans les églises, à la manière d'une bande dessinée sans paroles, notamment dans l'église de Guimiliau. Cet édifice fait partie d'un ensemble nommé enclos paroissial, témoin du riche passé où la flotte de commerce bretonne dominait la mer transportant toiles de lin et de chanvre dans le monde entier. Une part des gains de la production et de la commercialisation était consacrée à la construction des monuments sacrés. Le calvaire de Guimiliau compte 200 personnages. Les fiers vaisseaux ne sont plus. Mais, des siècles après, demeure la présence apaisante des grandes nefs de pierre. Que sera notre trace à nous, orgueilleux passagers de ce siècle ?

Meur a zen zo anavezet er Vvet hag er VIvet kantved dindan an anv Milio... Derc'hel a raimp Milio, kont Kerne e 538 « karet gant e bobl & din da vezañ karet ganti » (Joseph Chardronnet, *le Livre d'Or des Saints de Bretagne*). Hervez ar vojenn e voe lazhet gant e vreur Rivod en doa c'hoant da gemer ar galloud. Trec'h e voe ar mad evit darn. C'hwitañ a reas Rivod war e daol pa glaskas gwiskañ chupenn e vreur. Bep taol e vez diskouezet Milio evel ur sant doug e benn, da lavaret eo ur sant zo o tougen e benn etre e zaouarn dre ma voe dibennet. N'eo ket bet cheñchet an traoù evit kizellañ anezhañ e Traoñienn ar Sent !

In the 5th and 6th centuries several people were known by the name Miliau – Milio. We will retain Milio, Duke of Armorican Cornwall. In 538, it is said that « he was loved by his people and well deserved it » (*The Book, Saints of Brittany* by Joseph Chardronnet). The Legend says that he was assassinated by his brother Rivod who wanted to seize power, however morality is partially restored as Rivod failed in his attempt to usurp power. Milio is systematically illustrated as a cephalophore saint carrying his head in his hands because of his decapitation.

MILLION
EMILION

Variantes :
Milon, Emilian.

Origine du nom :
Du grec *aimulia*, enjoué, gai, doux, aimable.

Fêté le 16 novembre

Lieux ayant un lien avec ce saint :
Plévin (22), St-Emilion (33).

Sculpteur :
David Puech

Chantier 2013

Granit :
Granit rose

Carrière :
BGP - Louvigné du-Désert (35)

Hauteur : 4 m 40

Poids : 12 tonnes

Saint Emilion, un grand cru assurément, mondialement connu, certes ! Mais c'est aussi un saint breton... Revenons aux sources de la « sainte histoire », à consommer, elle, sans modération !

Breton d'Armorique, Emilion est attaché au service du comte de Vannes au VIIIe siècle. Reconnu pour sa générosité, il fut accusé par son maître d'avoir volé du pain pour le donner aux pauvres. Selon la légende, Emilion indiqua au comte qu'il cachait du bois. Celui-ci ne put que constater qu'Emilion disait vrai, mais aussitôt remis aux pauvres, le bois se transforma instantanément en nourriture.

Chassé de Bretagne, Emilion devint moine en Saintonge, puis poursuivit son périple vers l'Aquitaine où il s'arrêta dans une forêt. Il y créa un ermitage, dans une grotte, où il vécut 17 ans, à l'emplacement de la commune qui porte désormais son nom, comme celui du prestigieux vignoble.

Emilion, qui mourut le 16 janvier 767, est souvent représenté en moine, avec des miches de pain à ses pieds, ce qui lui valut son surnom de « *Sant Million tad ar bara* », Saint Emilion le père du pain. À la Vallée des Saints à Carnoët, clin d'œil à la période contemporaine, c'est une grappe de raisin qui orne sa poitrine. La citation ci-dessus mériterait d'être complétée : « *Sant Million, tad ar bara, ha mestr ar gwin !* », Saint Emilion, le père du pain et le maître du vin ! Une autre version de la parabole du pain et du vin en quelque sorte...

Sant Million e so anevezet mad gant an everien gwin evel just ! Met or sant bruded eo ivez, dreist oll e Breizh... Ganed e Arvorig e 8.kantved, kaset kuid gant e vestr, abalamour e oa re jentil gant ar re baour, Million o deus krouet or manati e bro Aquitania e kreiz or c'hoat, e lec'h e chomou da vevel e pad seitek bloaz, e rog mervel. Ar lec'h se e zo deuit da vezan St-Million pell goude...setu an istor !

Saint Emilion is well known to lovers of wine ! But he is also a famous saint, and is well appreciated in Brittany... Born in Armorica in the eighth century, he was driven out by his master because of his generosity to the poor, and he eventually created a monastery in Aquitaine, where he stayed for seventeen years, until his death. This place much later became known as St-Emilion, and that is how it got its name!

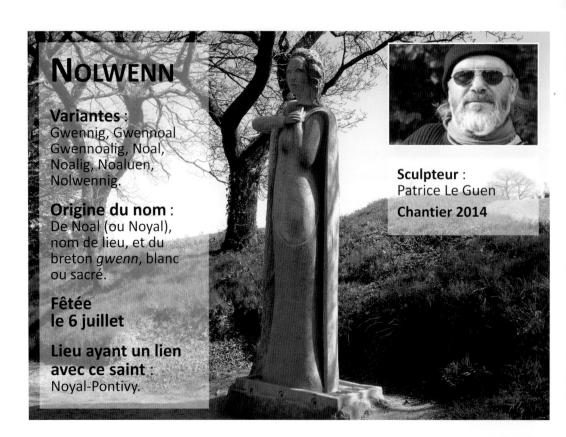

NOLWENN

Variantes :
Gwennig, Gwennoal
Gwennoalig, Noal,
Noalig, Noaluen,
Nolwennig.

Origine du nom :
De Noal (ou Noyal),
nom de lieu, et du
breton *gwenn*, blanc
ou sacré.

**Fêtée
le 6 juillet**

**Lieu ayant un lien
avec ce saint :**
Noyal-Pontivy.

Sculpteur :
Patrice Le Guen
Chantier 2014

Venue de Cornwall, de Cornouailles, en Petite Bretagne où elle recherchait un lieu de solitude pour y mener une vie d'ermite, Nolwenn fut en butte aux avances insistantes du seigneur de Nizan qui, mis en rage par le refus de la toute jeune fille, la fait décapiter. C'est pourquoi Sainte Nolwenn est représentée en sainte céphalophore.

Ce thème de la sainte ou du saint décapité tenant sa tête est récurrent dans la tradition. Nos esprits contemporains n'y voient là que trait de naïveté et ignorance. Méfions-nous des jugements de valeur irréfléchis ! Les légendes puisent toutes dans un fonds ancien et doivent être reconsidérées sur deux degrés de lecture pour le moins. Au premier degré, sainte Nolwenn, décapitée, a réellement marché tout en portant sa tête entre les mains. Au second degré, la symbolique cachée dans ce récit. L'adage de sagesse chinoise « Quand le doigt du sage montre la lune, l'idiot regarde le doigt » pourrait s'appliquer ici ! Une clé ? Tant pour le yogi dans sa grotte de l'Himalaya que pour l'ermite bretonne du VIe siècle, l'activité du mental – la tête – étant le premier obstacle à dépasser pour approcher la réalité, quelle image plus directe que celle d'une « tête » coupée alors que la conscience perdure ? Nolwenn est la sainte patronne des chevaux.

◆ Nolwenn, ur verc'h d'ur priñs a Gerne-Veur, a voe lakaet da guitaat hec'h enezenn, evit tec'hel rak ar goulennoù dimeziñ hag evit klask bevañ en digenvez. E Gwened e oa degouezhet ha betek Begnen e kendalc'has gant he beaj. Bez' e oa hep kontañ gant an tirant Nizan (pe Nizon) a gouezhas e karantez ganti hag a begas ennañ ar c'hoant da zimeziñ ganti... Hag eñ, feuket gant he nac'hadenn, d'he lakaat da vezañ dibennet ! Hervez ar vojenn e kemeras Nolwenn he fenn etre he daouarn ha kerzhet a reas betek al lec'h ma voe douaret.

Daughter of a Prince of Cornwall, Nolwenn was made to leave the island to escape the marriage proposals she was receiving and to seek solitude. She arrived at Vannes and continued her journey to Bignan. That was without taking the tyrant Nizan into account : he fell in love with her and wanted to marry her... Offended by her refusal, he had her beheaded! According to legend, Nolwenn took her head between her hands, and carried it to her burial place... making her a holy cephalophore (a saint depicted carrying one's head).

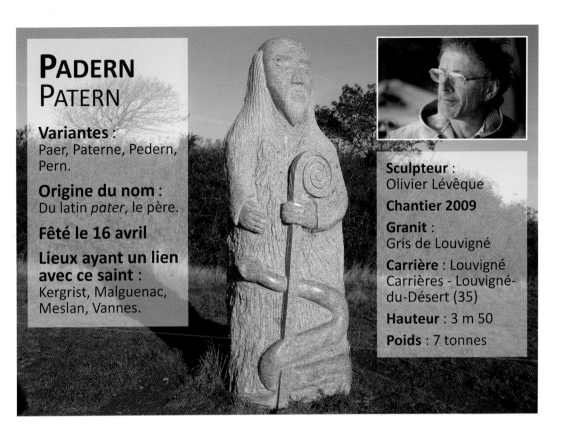

PADERN
PATERN

Variantes :
Paer, Paterne, Pedern, Pern.

Origine du nom :
Du latin *pater*, le père.

Fêté le 16 avril

Lieux ayant un lien avec ce saint :
Kergrist, Malguenac, Meslan, Vannes.

Sculpteur :
Olivier Lévêque

Chantier 2009

Granit :
Gris de Louvigné

Carrière : Louvigné Carrières - Louvigné-du-Désert (35)

Hauteur : 3 m 50

Poids : 7 tonnes

Patern est Armoricain d'origine. Après un séjour en Hibernie – Irlande –, il revient et s'installe au pays des célèbres Vénètes, ceux qui ont donné tant de fil à retordre aux armées de Jules César. En 465, un concile, réunion solennelle d'évêques, se réunit à Vannes et confie le nouvel évêché à Patern. Ce qui fait de lui un fondateur. Malheureusement, les Vénètes lui opposent une résistance, trop sans doute, car saint Patern, toujours en quête de tranquillité, préférera s'éloigner définitivement. À croire que les Vénètes avaient du caractère ! Il est vrai que parmi les interdictions décidées lors de ce concile, l'une concerne la danse. Oui, déjà ! Mais celle-ci était particulière : elle interdisait de continuer à danser dans les églises. Si, aujourd'hui, dans nos sociétés modernes la danse est un acte essentiellement profane, à cette époque elle faisait partie du culte. C'était un acte sacré chez tous les peuples depuis une lointaine antiquité. Ces danses s'exécutaient en cercle, les participants se tenant par la main. On a dansé la carole dans les églises jusque tard dans le Moyen-Age... Le serpent enroulé sur la crosse de Patern représente le symbole chrétien du mal.

Padern eo an eskob diazezer nemetañ genidik eus Arvorig. Ober a reas e glasoù, en Iwerzhon memes tra e-lec'h ma voe o chom, a-raok bezañ lakaet da eskob Gwened, e 465. Ne voe ket ar relijion « nevez » diouzh doare ar Weneted rust, ar memes re a enebas taer ouzh Kaezar un nebeud kantvedoù a-raok. Padern, a glaske pediñ ha bezañ sioul, a gavas gwelloc'h pellaat buan a-walc'h...

Patern is the only founder bishop of Armorican origin. However, he did his training in Ireland, where he lived for some time, before being ordained as a bishop in Vannes, in 465.
The "new" religion was not to the taste of the coarse local population, known as Venetes, who had fiercely opposed Caesar's Roman invasion several centuries before, and Patern, who sought prayer and tranquillity soon decided to distance himself from them...

PADRIG
PATRICK

Origine du nom :
Du latin *pater*, le père.

Fêté le 17 mars

Lieux ayant un lien avec ce saint :
DownPatrick (Irlande), Rennes, Vezin.

Sculpteur :
Jacques Dumas

Chantier 2010

Granit :
Rose des Abers

Carrière :
Graniouest
Saint-Carreuc (22)

Hauteur : 4 m

Poids : 15 tonnes

Né dans le nord de la Bretagne insulaire, Patrick fut enlevé à l'âge de seize ans par des pirates Scots d'Irlande et vendu comme esclave pour garder le bétail. Il parvint à s'enfuir en Gaules auprès de saint Germain l'Auxerrois avant de revenir en Irlande. L'évangélisation de l'île à laquelle il participe activement doit beaucoup à l'essor des monastères. Ce mode de vie, déjà connu en Inde avec les Jaïns (500 av. J-C), en Egypte et vraisemblablement en Occident, allait attirer vers lui pour des raisons diverses les jeunes des familles nobles. La règle était la même que celle du désert d'Egypte pour une vie en communauté basée sur le travail et la prière autour de l'abbé.

Dans les joutes oratoires avec les druides, on dit que saint Patrick se servait de la feuille de trèfle trilobée pour détourner à son avantage des éléments de leur propre doctrine dont le nombre trois, et leur enseigner ainsi le mystère de la Sainte Trinité. Plus tard, le trèfle de saint Patrick est devenu, avec la harpe des bardes, l'emblème de l'Irlande que nous connaissons. Le pays a fait de la fête de Saint-Patrick sa fête nationale, le 17 mars.

Padrig, « Sant Patrom » Iwerzhon, a oa bet ganet e 389 en Enez-Vreizh (Skos). Pa oa en e 16 vloaz e voe tapet gant ar Skoted ha kaset da Iwerzhon, ma voe lakaet da sklav. Gant sikour martoloded e teuas a-benn da dec'hel kuit ha da vont da repuiñ e Galia, ma « teskas latin hag ar Skritur-Sakr ». War-dro 432 e tistroas da Iwerzhon, diwar c'houlenn ar pab, evit kemer perzh e labour avielañ an enezenn. Gouel Sant Padrig, lidet d'ar 17 a viz Meurzh, zo deuet da vezañ gouel broadel Iwerzhon.

Patron saint of Ireland, Patrick was born in 389 in Scotland. Captured by the Scots at the age of 16, he was transferred to Ireland and held in slavery. With the complicity of some sailors he managed to flee and took refuge in Gaul where he learned latin and the Holy Scriptures. At about 432, he returned to Ireland, at the request of the Pope, to participate in the evangalisation of the island. Celebrated on the 17th March, Saint-Patrick's Day has become the national holiday of Ireland.

PAOL
POL AURÉLIEN

Variantes :
Paoul, Paul.

Origine du nom :
Du surnom latin *paulus*,
petit, faible.

Fêté le 12 mars

**Lieux ayant un lien
avec ce saint :**
Brignogan-Plage, Ile
d'Ouessant, Lampaul-
Guimiliau, Lampaul-Plouarzel,
Lampaul-Ploudalmézeau,
Mespaul, Plouguerneau,
Saint-Pol-de-Léon*.
*Un pardon annuel y est célébré.

Sculpteur :
David Puech

Chantier 2009

Granit :
Gris de Louvigné

Carrière : Rault
Granit - Louvigné-
du-Désert (35)

Hauteur : 3 m 80

Poids : 13 tonnes

Pol Aurélien accoste en 517 l'île d'Ouessant en compagnie de parents et de douze amis moines, formés à l'école de saint Ildut, au Pays de Galles actuel. Saint Pol Aurélien va évangéliser la région entre mer et Monts d'Arrée, le pays du Léon, à partir du siège du nouvel évêché de Kastell-Paol, Saint-Pol-de-Léon aujourd'hui. Il prendra pied dans l'île de Batz, peuplée d'animaux : un bœuf sauvage et une laie avec ses marcassins qu'il domestique, dans un chêne un essaim d'abeilles qu'il récupère, un ours dont on découvrira le cadavre. Une métaphore, cette légende ? La laie et ses marcassins seraient alors le Druide et ses élèves, l'ours – c'est ainsi qu'on les nommait – les guerriers, le bœuf et les abeilles les classes laborieuses : la structure tripartite de la société celtique. Celle-ci n'avait pas disparu de l'Irlande, ce pays n'ayant pas été conquis par les Romains. Des siècles durant, les moines de la Petite Bretagne adopteront la règle irlandaise, dite celtique ou *scoto-bretonne*. Ne vous fiez pas à la petite taille de l'animal blotti à ses pieds. Selon la légende, il s'agit du féroce dragon que Pol-Aurélien a combattu sur l'île de Batz. On raconte qu'à l'aide de son étole jeté autour du cou du monstre, il le conduisit au bord d'une falaise et lui ordonna de se jeter à la mer où il périt noyé. L'endroit est appelé depuis lors *Toull ar Zarpant* (Trou du Serpent). Le dragon, vaincu, terrassé par le saint, thème fréquent dans la statuaire bretonne, serait- il le symbole de la victoire de la religion chrétienne sur les anciennes croyances celtiques ?

Paol Aorelian en em gavas e 517 en Eusa gant e dud ha daouzek manac'h hag a oa bet stummet e skol Sant Iltud e Kembre. Skignañ a reas ar feiz er vro a zeuas da vezañ eskopti Kastell-Paol. Enez-Vaz, ma krouas Paol ur manati, zo e-kreiz ar mojennoù a denn d'ar sant-mañ : dont a reas a-benn da vezañ mestr war un aerouant (pe un naer) a veze o trastañ an enezenn... Ha gallout a reer gwelet en dra-se trec'h ar relijion « nevez » war ar c'hredennoù pagan, pe e varregezh da vezañ trec'h d'e zroukspered ?

Pol Aurélien arrived in 517 at Ouessant with his parents and twelve monks who had trained at the school of St-Ildut in Wales. He spread the faith in the area which was to become the bishopric of St-Pol-de-Leon. On the Ile de Batz, Paol created a monastery, which is at the centre of the legends about this holy saint. He mastered the dragon, or the snake, which used to devastate the island... Should we see this as the symbol of the victory of the "new" religion over the pagan beliefs... or Pol's ability at mastering his own demons.

RIOWEN
RIOM

Variantes :
Rien, Rihen, Adrien

Origine du nom :
Du celte *ri*, roi, et *gwen*, blanc.

Fêté le 14 août

Lieux ayant un lien avec ce saint :
Plurien, Carrien, Fréhel, Kerrien, Ile de Bréhat, Plouézec, Ile St-Rion, Ploubazlanec, Berrien, Spézet, Bourien, Iffendic.

Sculpteur :
Christophe Antoine, dit *Kito*

Chantier 2013

Granit :
Bignan Jaune Aurore

Carrière :
Louvigné-du-Désert (35)

Hauteur : 4 m 80

Poids : 6,5 tonnes

La vie de ce saint est mal connue. Selon Joseph Chardronnet (*Le livre d'or des Saints de Bretagne* - Cloître Imprimeurs-2011) « Saint Riom, dont les reliques furent conservées à l'abbaye de Beauport [Paimpol 22]... pourrait bien être un saint Riok, disciple de saint Gwennolé au Vᵉ siècle »... Ce saint a donné son nom à un îlot (Saint-Riom) situé dans la baie de Paimpol où une communauté monastique rattachée à l'abbaye de Beauport s'est installée pendant une vingtaine d'années à la fin du XIIᵉ siècle. La création d'un oratoire sur l'île de *Karv Enez*, l'Ile du Cerf, lui est également attribuée.

Version mieux établie historiquement, semble-t-il, Riom (ou sa forme bretonne Riowen) fut l'un des premiers moines de l'abbaye de Redon où il vécut au IXᵉ siècle. D'après la légende, il y mena une vie exemplaire qui força le respect de ses contemporains et au-delà... incarné par les nombreuses traces toponymiques qui sont parvenues jusqu'à nous sous plusieurs versions. La légende lui prête également des dons surnaturels. Un jour où il se dépêchait d'aller dire la messe, préoccupé par son retard, il traversa la Vilaine à pied, marchant sur les eaux ! Cela vous rappelle sûrement quelque chose...

L'une des variantes du nom de ce saint, *Rien*, qui peut faire sourire aujourd'hui dans une acception française prise au premier degré, a été abusivement transformée en Adrien, jugée sans doute phonétiquement mieux adaptée à des oreilles non celtisantes !

Puisse Riowen/Riom recouvrer la plénitude de son identité à la Vallée des Saints, en terre bretonnante !

Daou zoare zo eus buhez Rion. Evit lod e vije un diskibl da sant Gwennole (VIᵛᵉᵗ kantved) en dije lezet e anv d'un enezennig e-kichen Pempoull e-lec'h ma oa eus ur gumuniezh venec'h, stag ouzh abati Boporzh, en XIIᵛᵉᵗ kantved. Evit lod all, ha gwelloc'h eo an doare-se hervez an istor, Rion pe Riowen, a voe unan eus menec'h kentañ abati Redon ma kasas ur vuhez skouerius en IXᵛᵉᵗ kantved.

There are two versions of the life of Riom. For some he was a disciple of saint Gwennolé (6th century) who gave his name to a small island near Paimpol where a monastic community linked to the Abbey of Beauport, existed in the 12th century.

For others, and this version is better established historically, Riom or Riowen in Breton, was one of the first monks of the Abbey of Redon where he led an exemplary life in the 9th century.

RONAN

Variantes :
Drenan, Regnan, Renan, René, Reneun, Reunan, Rognan.

Origine du nom :
Du celtique *reunan / ron*, phoque.

Fêté le 1ᵉʳ juin

Lieux ayant un lien avec ce saint :
Ile Molène, Hillion, Laurenan, Locronan, Persquen, Plestin-les-Grèves, Plouarzel, Plouray, Plozevet, Ploeuc, Saint-Renan, Saint-René.

Sculpteur :
Philippe Leost

Chantier 2013

Granit :
Lanhélin

Carrière :
Socal - Lanhélin (35)

Hauteur : 3 m 30

Poids : 10 tonnes

Formé par saint Patrick en Hibernie, l'Irlande actuelle, Ronan débarque au VIᵉ siècle sur l'île Molène en Léon, avant de rejoindre la « Grande Terre » et d'installer son *peniti*, ermitage, à l'emplacement de l'actuelle ville de Saint-Renan. Mais du fait de sa célébrité, il lui était devenu impossible de suivre une ascèse, le désert exigeant une grande part de vie en solitaire. Ronan s'en alla donc se retirer dans la forêt de Nevet, en Cornouaille, sur l'emplacement de ce qui plus tard devint Locronan. L'histoire de ses démêlés avec une femme dénommée Kebenn – ce nom est passé à la postérité pour désigner en breton une jeune femme malfaisante – est racontée sur des médaillons en bas-reliefs dans la chaire de l'église de Locronan. Ronan repart alors pour la baie de Saint-Brieuc où il mourra.

« Nevet » désigne un ancien *nemeton*, espace sacré des druides, sur lequel sont venus se succéder les nouveaux cultes aux dieux romains, puis aux saints chrétiens.

La troménie de Locronan ravive chaque année ce rapport au sacré par lequel les êtres humains se relient depuis des millénaires.

Ronan, deuet eus Iwerzhon, a zouaras er VIᵛᵉᵗ kantved e Molenez a-raok mont d'an « Douar-bras » ha d'en em staliañ el lec'h m'emañ Lokournan hiziv an deiz. Un diskibl da sant Padrig e oa ha re vras e oa e vrud evitañ da vevañ a-zevri en emgastiz en e beniti nevez. En em dennañ a reas e koad Neved, en ul lec'h a zeuas diwezhatoc'h da vezañ Lokorn. Goude bezañ bet un tamm diskrap gant ur vaouez anvet Keben, ez eas Ronan kuit a-nevez d'en em staliañ el lec'h m'emañ Hilion hiziv an deiz. Eno e savas ur peniti hag un orator.

Coming from Ireland, Ronan landed in the 6ᵗʰ century at the island of Molene, off the west coast of Brittany, before continuing onto the mainland, and installing himself in the area of modern St-Renan. A disciple of Patrick, his fame was too great for him to be able to live the ascetic life he wanted in his new hermitage, and he retired to the Nevet forest, in a place which later became Locronan. In conflict with a woman, Kebenn, Ronan departed once more for modern Hillion, where he built a hermitage and an oratory.

SAMZUN
SAMSON

Variante :
Sampson.

Fêté le 28 juillet

Lieux ayant un lien avec ce saint :
Dol-de-Bretagne, Goven, Illifaut, Kerity-Paimpol, Landunvez, Lanvollon, Neulliac, Plaine-Fougères, Pleumeur-Bodou, Plougasnou, Plouha, Saint-Samson-sur-Rance, Trégastel, Trévoux-Tréguignec.

Sculpteur : Jacques Dumas

Chantier 2009

Granit : Le Huelgoat

Carrière : Sorodec Chauvigné (29)

Hauteur : 3 m

Poids : 5 tonnes

Au VIe siècle, Samson vient du Pays de Galles rechercher la solitude en pays de Dol-de-Bretagne. Le tyran sanguinaire Conomore règne sur la Domnonée. Le saint convainc le prince héritier, Judval, de chasser son père afin de libérer le pays. La bataille a lieu dans les Monts d'Arrée, au Relecq, où Conomore est tué. Samson se consacre alors à des tâches moins politiques et crée de nombreux monastères. Il fut le premier évêque de Dol.

Une légende raconte qu'Anna aperçut un jour près de la mer un groupe de jeunes femmes en furie malmenant une sirène échouée sur le sable. « Nous allons la tuer, c'est une sirène, dit l'une d'elle, et les sirènes séduisent les maris. » Anna finit par lui obtenir la vie sauve en échange de la promesse de ne plus revenir sur les lieux. En remerciement, la sirène lui promet d'exaucer son voeu : trop âgée pour enfanter, Anna souhaite avoir un enfant. Et c'est ainsi que Samson a pu venir au monde. Mais l'enfant était laid et chétif. La sirène le prit pour le plonger dans la mer. Quand elle l'en sortit en le tenant à bout de bras au-dessus d'elle, il était beau, fort et vigoureux !

Samzun, genidik eus Kembre, a voe diazezer eskopti Dol er VI^{vet} kantved. Ur politikour akuit e oa ha kaoz e voe da zrouklamm Konveur, un tirant gwadsec'hedik hag a oa o ren war Domnonea (Norzh Breizh). Lakaet en doa mab hennezh, Judual, da skarzhañ anezhañ eus ar galloud. Hervez ar vojenn e oa bet saveteet Samzun, bet ganet bihan ha dister, gant ur vorverc'h he doa soubet anezhañ er mor, ha deuet e oa er-maez anezhañ brav, kreñv ha nerzhus !

Originally from Wales, Samson was the founder of the Diocese of Dol in the 6th century. A skillful politician, he caused the fall of Conomore, bloodthirsty tyrant who ruled over the Domnonee in Northern Brittany, by convincing his son, Judval, to remove him from power. According to legend, Samson was born sickly, but he was saved by a mermaid who plunged him into the sea from where he emerged beautiful, strong and vigorous.

SANTIG DU

Variantes :
Yann, Discalceat, Yann Divoutoù.

Origine du nom :
En breton signifie "petit saint noir".
Nommé aussi *Jean-va-nus-pieds* (variante).

Fêté le 15 décembre

Lieux ayant un lien avec ce saint :
Quimper, Saint-Vougay.

Sculpteur :
Olivier Lévêque

Chantier 2010

Granit : Plouescat

Carrière :
Crenn - Cléder (29)

Hauteur : 4 m

Poids : 12 tonnes

Santig Du est le surnom plein d'affection, exprimée par le suffixe -*ig*, donné à ce saint du XIVe siècle dont on ignore par ailleurs le nom. Né à Saint-Vougay, il consacra sa vie à aider les pauvres et les malades, notamment à Quimper, lors de la guerre de succession de Bretagne entre les Montfort et les Blois, lors du terrible siège de la ville. Arrive la grande épidémie de peste noire. Santig Du ne ménage pas sa peine, soignant les malades et réconfortant les mourants. Il succombera lui-même à la maladie, dont le symptôme était la coloration gris foncée de la peau. Est-ce l'origine de son surnom, « Du », noir ? On le nomme aussi « Yann Discalceat » ou « Yann Divoutoù », sans chaussures, car les moines Cordeliers, ordre dont il faisait partie, vivaient du plus strict nécessaire.

Les visiteurs de la cathédrale de Quimper ne manqueront pas de remarquer sa statue, toujours objet d'un culte très vivant. Une tablette au pied de Santig Du reçoit quotidiennement deux miches de pain. Elles sont destinées aux personnes dans le besoin. Parlez de Santig Du, et vous verrez un sourire éclairer les visages.

Santig du eo al lesanv karantezus zo bet roet d'an denmañ a zo bet disoñjet e anv ! Er XIVvet kantved e tremenas ar manac'h kordenner-se e vuhez o reiñ sikour d'ar re baour ha d'ar re glañv, e Kemper dreist-holl. Skoet e voe eñ e-unan gant ar vosenn werblus a lakaas e groc'hen da louediñ – ar pezh zo orin e lesanv marteze. Santig du, a gaver e zelwenn en iliz-veur Kemper, a vez azeulet kenañ c'hoazh er gêr-se.

Santig Du, "the little black saint", is the affectionate nickname that was given to this character whose name has been forgotten. During the 14th century, this Franciscan monk spent his life helping the poor and the sick, particularly in Quimper. He himself suffered from the black plague which gives a greyish colour to the skin – this is perhaps the origin of his nickname. Santig Du, who has his statue in the Quimper cathedral, is still worshipped in this city.

TELO
THÉLO

Variantes :
Diliau, Théleau, Thiéliau, Télio, Téleau, Deleau, Teilo, Theleu, Théliaut, Hilio, Eliau, Héleau, Téliaw, Eliaw.

Origine du nom :
De l'hébreu *El*, Dieu, précédé du celtique *to*, à toi.

Fêté le 9 février

Lieux ayant un lien avec ce saint :
Landaul, Landeleau, Leuhan, Locronan, Plédéliac, Plogonnec*, Saint-Thélo, Spezet.

Un pardon annuel y est célébré.

Sculpteurs :
Bruno Panas

Chantier 2011

Granit : Lanhélin

Carrière : Socal Lanhélin (35)

Hauteur : 3 m 50

Poids : 10 tonnes

Au VIe siècle, Thélo, arrivé du Pays de Galles actuel, connut saint Samson à Dol avant de venir à Landeleau. Depuis ce temps, les Landeleausiens lui rendent chaque année un hommage sous la forme rare d'une troménie. L'origine de cette déambulation à travers chemins et landes sur un circuit de 16 à 18 kilomètres remonte au IXe siècle. Elle s'appuie sur la légende de saint Thélo et de son cerf que le saint chevauchait et qui dut trouver refuge sous un chêne pour échapper à la meute de chiens du seigneur de Kastell Gall. La procession marque toujours une station sous ce chêne avant de poursuivre sa progression. Sachant que l'Irlande possède aussi ces troménies et que c'était la manière pour les peuples indo-européens de marquer le périmètre d'un espace sacré, il est permis de se demander si nous n'avons pas ici, comme à Locronan, le « recyclage » d'un ancien culte par les évangélisateurs. Pourquoi faire qu'un cerf, lié au dieu Cernunos, et un chêne, associé aux druides, aident et protègent un saint Thélo, sinon pour symboliser la prééminence de la nouvelle religion sur l'ancienne ?

Telo, bet ganet e Kembre, a zegouezhas e Dol er VI^{vet} kantved. Eno e reas evit Samzun, a oa eskob kentañ al lec'h-se. Hervez ar vojenn e oa tremenet dre Landelo (Lan-Telo) ha war e lerc'h e oa bet graet an droveni hollvrudet a vez graet eno bep bloaz. Distreiñ a reas da Gembre, ma varvas e 560 en e vanati e Llandeilo. Merzout a c'haller pegen heñvel eo an anvioùlec'h Landelo ha Llandeilo... Peurliesañ e vez taolennet Telo, evel e Karnoed, a-c'haoliad war ur c'harv, loen mojennel ar Gelted.

During the 6th century, Telo, born in Wales, arrived at Dol, where he was an assistant to Samson who was the first bishop there. Legend says that he spent time at Landeleau where the famous annual Troménie pilgrimage originated. Telo returned to Wales, where he died in 560, in his monastery at Llan-Deilo (notice the linguistic proximity with Landelau). Telo is often represented, as at Carnoet, riding a deer, the mythical animal of the Celts.

TREVEUR
TREMEUR

Variantes :
Tremor, Tremour, Trever, Treveul, Treveur, Trechmor, Tromeur.

Origine du nom :
Du breton *Trec'h meur*, grande victoire.

Fêté le 21 juillet

Lieux ayant un lien avec ce saint :
Bignan, Bubry*, Callac, Camllez*, Carhaix-Plouguer, Cavan, Cleden-Cap-Sizun*, Guerlesquin*, Kerglas, Kergloff, Languidic, Le Guilvinec*, Le Saint*, Plouegat-Moysan, Plougastel-Daoulas*, Plougrescant, Pluvigner, Saint-Clet, Sainte-Tréphine, Tréglamus, Tremeur-22 (reliques).
Un pardon annuel y est célébré.

Sculpteur :
David Puech

Chantier 2012

Granit :
Bignan Jaune Aurore

Carrière : Jaune Aurore de Bignan Louvigné-du-Désert (35)

Hauteur : 3 m 90

Poids : 8 tonnes

Au Vᵉ siècle, Conomor règne sur une grande partie du nord-ouest de la Bretagne, la Domnonée, et, dans la tradition, ce comte a la réputation d'être une sorte de Barbe-Bleue : il fait décapiter son épouse, sainte Triphine, ainsi que leur fils, saint Tremeur !

Saint Gildas avait baptisé celui-ci de son propre nom, Gweltaz-Gildas – en y ajoutant Trec'hmeur-Tremeur – avant de lui donner une formation monastique à Saint-Gildas-de-Rhuys. Il y menait une vie exemplaire avant d'être découvert par son père, Conomor, qui le décapita.

Tremeur est représenté en saint céphalophore, c'est-à-dire portant sa tête entre les mains. Il est invoqué pour la guérison des plaies et blessures et, bien évidemment, des maladies de la tête.

Konveur, anezhañ un tirant gwadsec'hedik hervez ar vojenn, a rene war Domnonea er Vᵛᵉᵗ kantved. Lakaat a reas dibennañ e wreg, Trifina, evit abegoù diseurt hervez ar skrivagnerien. Lakaet e voe da « adsevel a varv da vev » gant sant Gweltaz hag e c'hanas Treveur. Hennezh a oa bet stummet e skol abati Lokentaz hag a voe dibennet gant e dad, d'e dro, ar pezh a zispleg perak e vez taolennet Treveur evel ur sant a zoug e benn.

Conomor, a bloodthirsty tyrant according to legend reigned over La Domnonée, an area in the north of Brittany, in the 5th century. He decapitated his wife, Trifin, for reasons which vary according to the narrators, but she was resuscitated by St Gildas and gave birth to Tremeur. Tremeur was trained at the monastery school of St-Gildas-de-Rhuys, and was decapitated in his turn by his father, which has caused Tremeur to be represented as a cephalophore saint carrying his head in his hands.

TRIFIN
TRÉFINE

Variantes :
Trifine, Trefin, Tréphine, Treuvin, Terfin, Treffine, Trefina, Triphyne.

Origine du nom :
« Lieu où l'on célèbre cette sainte. »

Fêtée le 21 juin

Lieux ayant un lien avec ce saint :
Sainte-Tréphine, commune du Morbihan, près de Pontivy, Saint-Trefin près de Callac.

Sculpteur :
Olivier Lévêque

Chantier 2015
(programmée initialement en 2014, reportée suite imprévu)

Au Vᵉ siècle, le « comte » Conomor règne sur une grande partie du nord-ouest de la Bretagne, incluant ce qui deviendra plus tard le Trégor. Epris de Trifin, il la demande en mariage à son père. Compte tenu de la fâcheuse réputation de Conomor, celui-ci hésite et lui répond : « je te donnerai ma fille en mariage, si Gildas vient me le demander ». Gildas (futur saint Gildas) intercède et finit par arranger le mariage, gageant que l'amour de Conomor pour Trifin l'amenderait favorablement et adoucirait son caractère. Las ! Apprenant que sa femme est enceinte et craignant de se faire assassiner par son héritier, ce que lui avait prédit une voyante, Conomor décapite Trifin. C'est ici que la légende rejoint l'histoire... À la demande de son père, saint Gildas rendit la vie à Trifin, qui mit au monde son fils, Tremeur. Trifin est représentée en sainte « céphalophore », c'est-à-dire portant sa tête dans ses mains dans l'église Sainte-Tréphine de la commune du Morbihan du même nom. Dans cette même église, un lambris peint montre sainte Trifin la tête tranchée, à terre. Trifin est invoquée pour la guérison des enfants malades et pour les aider à marcher. La vie de Trifin est inséparable de celle de Tremeur, son fils. [*cf. ce guide page 61*]

Er Vᵛᵉᵗ kantved, ar « c'hont » Konveur, a oa o ren war un darn eus Breizh, a c'houlennas Trifina da bried digant he zad. En entremar e chomas hennezh da gentañ abalamour ma oa brudet fall ar c'hont met sevenet e voe an dimeziñ. Pa voe dougerez Trifina e voe dibennet gant Konveur, en doa aon rak bezañ muntret gant e vugel da c'henel... Hervez ar vojenn e teuas Trifina da vev en-dro ha genel a reas he mab Treveur.

In the 5ᵗʰ century, "Count" Conomor, who ruled over a part of Brittany, asked Trifin's father for her hand in marriage. He was reluctant, due to the bad reputation of the count, but the marriage proceeded. Trifin eventually became pregnant, but was decapitated by Conomor, who feared being assassinated by his own child... According to the legend, Trifin came back to life and gave birth to her son, Tremeur.

TUDEG
TUDEC

Variantes : Thudec, Tudoc, Tudes, Thudoc.

Origine du nom :
Diminutif de *tud*, personne, homme, monde, quelqu'un en breton.

Fêté le 2 décembre

Lieux ayant un lien avec ce saint :
Landudec, Saint-Thudec en Poullaouen, Saint-Thudec en Spézet.

Sculpteur :
Xavier Tanguy
Chantier 2014

Peu d'informations sur ce saint. Il s'agit d'un moine de Landévennec du VIᵉ siècle, probablement venu d'Outre-Manche. L'hagiographe Albert Le Grand (1599-1642) raconte ainsi la fin tragique de Tudec qui fut assassiné. *« Ayant appris que les supérieurs des monastères de Cornouaille, dont saint Jaoua, s'étaient réunis non loin de ses terres pour conférer ensemble, [le seigneur du Faou] se fit accompagner d'une bande de soldats et enfonça les portes de l'église où se trouvaient les ennemis de l'ancienne religion. Saint Tudec fut massacré à l'autel, saint Judulus eut la tête tranchée... Jaoua fut assez heureux de pouvoir regagner sain et sauf Brasparts... ».* Cet épisode montre bien la persistance des croyances primitives et les difficultés des premiers temps de la chrétienté, mais chaque histoire a sa morale ! *«... Le seigneur devint la proie du malin esprit, et il fallut toute la puissance de saint Pol [Aurélien] pour vaincre le mal et guérir le meurtrier... [lequel] en réparation de son crime fonda le monastère de Daoulas... ».* Pour la petite histoire, Daoulas signifie double meurtre en breton *(daou lazh)*. Faut-il faire le rapprochement avec le massacre de Tudec et Judulus ou coïncidence troublante ? Tudeg, qui porte la coiffure des religieux celtes, rasés devant et longs derrière, est invoqué contre les maux de tête et la surdité.

Ar sant-se eus ar VIᵛᵉᵗ kantved, ur manac'h eus Landevenneg deuet moarvat eus an tu all da Vor Breizh. Ar pezh a ouzomp diwar e benn dreist-holl eo e peseurt degouezh e varvas, ar pezh a ouier gant labourioù ar sentvuhezour Albert Le Grand. *« P'o doa klevet e oa en em vodet pennoù-bras manatioù Kerne... [aotrou ar Faou hag e soudarded a vountas] dorioù an iliz ma oa enebourien ar relijion gozh... Sant Tudeg a voe lazhet e-harz an aotervras... »* Gounezet d'ar feiz kristen d'e dro, an aotrou muntrer a ziazezas manati Daoulaz en digoll eus e vuntr.

This 6ᵗʰ century saint was a monk at Landevennec, who probably came from across the Channel. Most of the information we do have about him is on the circumstances of his death. According to the biographer of saints, Albert Le Grand, *"Having learnt that the Superiors of the monasteries of Cornouailles were meeting, the Seigneur of Le Faou and his soldiers forced their way into the church where the enemies of the ancient religion were... St Tudec was slaughtered at the altar..."* Converted in his turn, the murderous Seigneur founded the monastery of Daoulas in reparation for his crime.

TUDI
TUDY

Variantes :
hudy, Dudy, Udy, Dudi.

Origine du nom :
De *tud*, personne, monde, quelqu'un...

Fêté le 9 mai

Lieux ayant un lien avec ce saint :
Saint-Udy en Plessala, Saint-Tudy en Ploëzal, Loctudy, Ile Tudy, Loctudy en Riec-sur-Belon, Saint-Tudy en Pleuven, Port-Tudy en Groix, Loctudy en Le Palais.

Sculpteur :
Goulven Jaouen
Chantier 2014

Peu d'informations sur ce saint... qui a pourtant laissé son empreinte sur la toponymie en Bretagne. Il aurait été un disciple de saint Maudez au VIᵉ siècle, ermite qui vécut dans l'île du même nom (située dans l'archipel de Bréhat). Tudi aurait fondé un ermitage à l'Ile Tudy, le culte ayant été transféré plus tard à Loctudy, où un monastère fut créé.

Selon Bernard Tanguy, historien de l'Université de Bretagne occidentale, Tudi serait une forme de Tudual où Tugdual, l'un des sept saints fondateurs, connu aussi sous le nom de Pabu. Ce serait alors une tout autre histoire ! Pour le site Nominis, « *Tudual fut avec Budoc, [l'un des] disciples du grand maître monastique que fut saint Maudez... Connu sous les divers noms de... Tual, Tudy (et peut-être Tudec) Pabu et Paban, il est certainement l'un des grands évan-gélisateurs de la Cornouaille au VIᵉ siècle, principalement du Cap, d'une partie de la Bigoudénie et de la région quimpéroise...* ». Tudi est invoqué pour la « guérison » des rhumatismes.

Tudi, un diskibl da sant Vaodez er VIᵛᵉᵗ kantved, en dije savet ur peniti en Enez-Tudi. Diwezha-toc'h e voe kaset da Loktudi ha krouet e voe ur manati eno. Hervez Bernard Tanguy, un istorour, e vefe Tudi ur stumm eus Tudual, unan eus ar seizh sant diazezer, anavezet ivez gant an anv Pabu. Kadarnaet eo kement-se gant mammennoù all : « *Anavezet gant an anvioù disseurt... Tual, Tudual (ha marteze Tudeg), Pabu ha Paban. Hennezh [hon Tudi dimp-ni !] zo unan eus avielourien veur Kerne er VIᵛᵉᵗ kantved...* ».

A disciple of saint Maudez in the 6ᵗʰ century, Tudi is said to have found-ed a hermitage on the island of Tudy. The cult was transferred some time later to Loctudy, where a monastery was created. According to Bernard Tanguy, an historian at the University of Brest, Tudi could be a form of Tudual or Tugdual, one of the seven founding saints, also known as Pabu. This ver-sion is confirmed by other sources. *"Known by various names... Tual, Tudy (and perhaps Tudec), Pabu and Paban, he (our Tudi!) is certainly one of the great evangelists of Cornouaille in the 6ᵗʰ century..."*

TUDWAL
TUGDUAL

Variantes :
Paban, Pabeu, Pabin, Pabu, Pabut, Poban, Papeu, Tual, Thual, Thudal, Tudal, Tuédal, Tutual, Tuzval.

Fêté le 30 novembre

Lieux ayant un lien avec ce saint :
Boquého, Cleden-Cap-Sizun*, Grand-Champ, Guéméné-sur-Scorff, Guiscriff, Landudal, Loctudy, Pabu, Plougonver, Plouhinec, Quemper-Guézennec, Saint-Guen, Saint-Pabu, Tinténiac, Trépabu, Trébrivan, Trégidel, Tréguier.
Un pardon annuel y est célébré.

Sculpteur :
Olivier Lévêque

Chantier 2011

Granit : Le Huelgoat

Carrière : Sorodec Chauvigné (35)

Hauteur : 3,50 m

Poids : 6 tonnes

Origine du nom :
Du vieux breton *tud*, personnes, et *(g)wal*, excellent, de valeur.

Tugdual fait partie des 7 saints fondateurs des évêchés de Bretagne honorés depuis le Moyen-Age par les pèlerins du Tro-Breiz. Ceux-ci font halte à la cathédrale de Tréguier où le saint gallois se partage la vedette avec le breton saint Yves. Parti du Pays de Galles avec des disciples, sa mère Koupaïa et sa sœur Sève, Tugdual débarque près du Conquet et s'installe à l'emplacement de Trébabu. Il rejoindra plus tard d'autres immigrants bretons avec qui il fondera le monastère à l'origine de Tréguier dont il devient le premier évêque en l'an 532.

Comme beaucoup de moines évangélisateurs de cette époque, il devra neutraliser un dragon. C'est en référence à cette histoire que figure sur le drapeau du Trégor un dragon rouge – eu égard aux origines galloises du saint ? – superposé à la croix noire simplifiée de saint Yves.

Une autre histoire veut que saint Tugdual étant à Rome lors du décès du pape, une colombe se soit posée sur lui, le désignant ainsi comme successeur du défunt. Un pape breton ! Rendez-vous compte ! Il s'agit d'une simple extrapolation faite à partir du rapprochement entre deux mots, Pape et Papa, Père, titre donné alors à un évêque, Pabu en étant une forme déclinée (génitif) !

Tudual zo unan eus ar seizh sant o doa diazezet eskoptioù kentañ Breizh. Hennezh, ganet e Kembre ivez, a voe eskob kentañ Landreger e 532, ha ken brudet eo eno ha sant Erwan... Hervez ar vojenn e oa bet darbet dezhañ bezañ pab ! E Roma e oa bet pa oa marvet Hon Tad Santel ar Pab hag ur goulm a oa deuet da gludañ war e benn evit diskouez d'e genseurted e oa da vezañ warlerc'hiad ar pab aet d'an Anaon... Met echuiñ a ra an istor aze !

Tudwal is one of the seven founding saints of the first bishoprics of Brittany. Also born in Wales, it was in 532AD that he became the first bishop of Tréguier, where he shares his fame with the famous St-Yves ... According to legend, he could have been Pope! He was present in Rome at the death of the Holy Father : a dove landed on his head which pointed to his peers that he was to be the successor of the deceased... But the story ended there!

TUJEN
TUGEN

Variantes :
Tutian, Hugen, Tudgen, Tudin, Tujane, Thugen, Tugean, Thugean, Tugeant, Tujan, Hugeon, Tujin, Tuchan, Ugean, Ugen, Uchan.

Origine du nom :
Du vieux breton *tudgen*, « de la race des hommes vrais »

Fêté le 26 janvier

Lieux ayant un lien avec ce saint :
Primelin, Duault, Landujan, Montauban-de-Bretagne, Mahalon, Lannion.

Sculpteur :
Inès Ferreira

Chantier 2013

Granit :
Bignan Jaune Aurore

Carrière :
Louvigné-du-Désert (35)

Hauteur : 4 m 60

Poids : 8,5 tonnes

Originaire d'Armorique, fils d'Arastagn, seigneur de Cornouaille, Tugen vécut au Ve siècle. Recteur de Brasparts et abbé de Daoulas, il succéda à saint Jaoua, devenu auxiliaire de saint Pol Aurélien. Les hagiographes savent peu de choses sur lui... Mais la légende lui prête beaucoup ! Très populaire en Bretagne sur une aire géographique importante, il est notamment invoqué pour la préservation de la rage, voire sa guérison. Pour Joseph Chardronnet, dans *Le livre d'or des Saints de Bretagne* – Editions coop Breiz, 2011 –, la rage, maladie très redoutée jusqu'à la découverte du vaccin par Pasteur à la fin du XIXe siècle, « faisait venir en pèlerinage à la chapelle Saint-Tugen de Primelin des fidèles de tout le diocèse de Quimper, de Léon ou de Vannes... le Père Maunoir [XVIIe siècle] et M. de Trémaria, grands missionnaires, ne dédaignaient pas d'inciter les fidèles à cette dévotion ». C'est ce qui vaut à saint Tugen d'être représenté avec un chien à ses pieds. Il était aussi réputé pour protéger ou soulager les rages de dents...

Une autre légende, plus amusante, veut qu'il se soit fait un devoir de protéger la virginité de sa sœur contre les entreprises des hommes. Vaine (et cruelle !) initiative s'il en est... et qui se termina comme on l'imagine, ce qui fit dire au saint homme : « Mieux vaut commander une bande de chiens enragés [et il savait de quoi il parlait] que garder une seule femme. »

Tujen, genidik eus Arvorig, a voe person Brasparzh hag abad Daoulaz er V[vet] kantved. Brudet-mat e oa sant Tujen en un darn bras-kenañ eus Breizh, ha pedet e veze da ziwall diouzh ar gounnar ha da bareañ diouti, betek ma voe kavet ar vaksin gant Pasteur e dibenn an XIX[vet] kantved. D'ar birc'hirinded aozet e chapel Sant Tujen e Prevel evit argas ar gounnar e teue « feizidi eus eskopti Kemper a-bezh, eus Leon pe Gwened... ». Gant ur c'hi ouzh e dreid eo taolennet sant Tujen, evel-just.

Originating from Armorica, Tugen was the rector of Brasparts and abbot of Daoulas during the 5th century. Very popular in Brittany over an exceptionally wide geographical area, saint Tugen was invoked for the protection from rabies and the recovery of those infected by it until Pasteur discovered a vaccine at the end of the 19th century. The pilgrimage organised at the St-Tugen chapel of Primelin to fight rabies attracted the faithful from the whole dioceses of Quimper, Leon and Vannes...

TURIO - THURIEN

Variantes : Urien, Thivisio, Thurial, Thurian, Thuriau,
Thurio, Tourian, Dourian, Dourien.

Fêté le 13 juillet

Lieux ayant un lien avec ce saint : St-Thurial, St-Thuriau,
St-Thurien, St-Thurien en Lannion, St-Thurien en
Bannalec, Lanneurien en Coray, Lannerien en Plouescat,
Lannurien en Plouescat, Plogonnec, Landivisiau.

Sculpteur :
Philippe Leost
Chantier 2014

Né vers 650 en lisière de la forêt de Brocéliande, Thurien est d'abord berger. Issu d'une famille aisée, il fréquente un monastère près de chez lui où il prend goût à l'étude. Lors de l'une de ses tournées, l'évêque de Dol, Tiernmaël, le remarque, le prend sous sa protection et veille à sa formation et à son instruction.
Doué, l'élève progresse vite. Il assimile facilement les connaissances de son époque. Il apprend le latin et devient moine. Vers la fin de sa vie, l'évêque Tiernmaël songe à faire de lui son successeur... c'est ainsi que Thurien est chargé de l'épiscopat de Dol et de la direction des monastères qui lui sont rattachés. Singulière histoire que celle de ce pâtre qui troqua son bâton de berger contre une crosse d'évêque ! Il occupera ses fonctions jusqu'au milieu du VIIIe siècle, à un âge très avancé.
Un épisode de sa vie a contribué à sa célébrité : Riwallon, l'un des seigneurs du lieu, a pillé et détruit le monastère de Tremeheuc, près de Combourg, Thurien lui demande de réparer les dégâts. Riwallon s'exécute, se convertit à la religion chrétienne craignant l'autorité de l'évêque, mais aussi les représailles du roi de la Domnonée, Judicaël, qui veille à la protection de l'Eglise et de ses biens...
Le culte de Thurien s'est propagé sur toute la partie nord de la Bretagne et au-delà, sans doute à la faveur des nombreuses enclaves dépendant de l'évêché de Dol.

Er VIIvet kantved e oa Turio, bet ganet en ur familh en hec'h aez, a oa mesaer e-kichen Breselien. Daremprediñ a rae ur manati tost d'e di. Eskob Dol kemer a reas anezhañ en e warez ha diwall a reas da reiñ deskadurezh dezhañ. Kemer a reas lec'h e vestr ha mont da vezañ eskob d'e dro. Betek kreiz an VIIIvet kantved e oa bet ar garg-se gantañ. Bras e oa e aotrouniezh ha gouest e voe da lakaat da blegañ un aotrou eus ar vro, Riwallon, tamallet dezhañ bezañ gwallet ur manati. Hennezh a rankas distreiñ ouzh ar feiz kristen ha dresañ ar freuz...

In the 7th century Thurien who came from a wealthy family, worked as a sheperd close to Broceliande. He attended a monastery near his home. The Bishop of Dol took him under his protection and ensured he had a sound education. The student was gifted. He later succeeded his master as bishop, duties which he held up to the middle of the 8th century. Gifted with strong moral authority, he managed to convert a local lord, Riwallon, who had devastated a monastery. Riwallon also had to repair the damage.

WINOC

Variantes :
Winok, Pinnock.

Origine du nom :
« Les formes originelles du nom sont *Uinnoc* ou *Uinioc*. Elles dérivent de l'adjectif *uinn* devenu *gwenn* en breton ou *gwynn* en gallois, signifiant au propre blanc et aïeul au figuré » (d'après Wikipédia).

Fêté le 16 novembre

Lieux ayant un lien avec ce saint :
Plouhinec, Bergues.

Sculpteur :
Seenu Shanmugam
Chantier 2014

Winoc est né en Armorique dans le pays de Dol. Pour Dom Lobineau (historien breton 1667-1727), ce serait un neveu du roi de la Domnonée, saint Judicaël (590-658 ap. J-C). Winoc est né entre 640 et 650 et serait décédé le 6 novembre 716 ou 717. Son histoire est singulière... Ce saint est peu vénéré en Bretagne, en dehors de Plouhinec, près d'Audierne, dans le Finistère. Selon Joseph Chardronnet, auteur déjà cité, Winoc, qui s'estimait pourtant trop connu dans son pays, partit avec trois compagnons, à la recherche de la solitude. Ils s'arrêtèrent à Thérouanne (dans l'actuel Pas-de-Calais) et demandèrent à être accueillis au monastère de Sithieu, créé depuis peu. Lorsqu'ils furent « acclimatés », le père Abbé leur demanda d'aller construire leur propre monastère et « d'y bâtir une maison pour les pauvres gens... et une église en l'honneur de saint Martin... » sur un lieu appelé « Grunobergue » ou « Groënberg », le mont vert, dénommé ensuite « Mont-Saint-Winoc ». La construction fut achevée en 695 à l'emplacement de la ville qui deviendra Bergues... davantage connue aujourd'hui pour avoir été le théâtre du film *Bienvenue chez les C'htis*, que par le saint breton qui en fut à l'origine !
Malgré son ascendance royale et son premier rôle au sein du monastère, Winoc tenait, selon la légende, à prendre sa part à l'ensemble des tâches, y compris les plus pénibles, comme tourner la meule pour moudre le blé. Une force divine suppléait à la sienne, quelque peu défaillante à la fin de sa vie... Un moine l'observa en cachette, « vit le miracle, mais perdit la vue » que Winoc lui rendit « par une prière et un signe de croix »...

Wenog, un niz da roue Domnonea, a oa bet ganet e Bro-Zol etre 640 ha 650. Dibar-kenañ eo istor Wenog. Aet e oa kuit war glask an distro hag an difoul, gant 3 c'hompagnun dezhañ. Degemeret e voent e Manati Sithieu. Mont a reas hon haroz kuit diouzh al lec'h-se da ziazezañ e vanati dezhañ war un dorgenn eus Bergues. Hervez ar vojenn ne zamante ket Wenog d'e boan, ha pa oa deuet kozh e veze nerzh Doue oc'h ober evitañ, a oa o fallaat un tammig... Ur manac'h a welas an dra-se, « a welas ar burzhud, met koll a reas ar gweled » ha rentet e voe dezhañ gant Wenog, madelezhus an tamm anezhañ !

Winoc, nephew of the King of Domnonée was born in Dol between 640 and 650. His story is rather unusual, Winoc left Dol with 3 companions in search of solitude. They were welcomed at the Monastry at St-Sithieu in the present Pas-de-Calais. Our hero founded his own Monastry at Bergues, on a hill which later became known as the Mont St-Winoc. According to legend Winoc didn't shrink from any material task, even the most arduous. When he grew older and weaker, a divine force helped him in his work. This was witnessed by a monk, who later lost his sight. Winoc in his kindness restored it.

UN SITE HISTORIQUE :

LA COLLINE SAINT-GILDAS

LE *TOSSEN SANT-GWELTAZ*

U n tumulus armoricain, un *oppidum* celte, une villa gallo-romaine, une motte féodale, une bataille médiévale, un sarcophage mérovingien dans une chapelle gothique et... une île de Pâques au cœur de la Bretagne... Vous n'êtes pas dans une énumération de Prévert, mais à La Vallée des Saints, à Carnoët, sur le site de Saint-Gildas.

PLUS DE 2 000 ANS D'HISTOIRE

CARNOËT
KARNOED

Le terme *carn* ou *cairn* désigne une éminence de terre qui recouvre une sépulture (*tumulus* en latin). Ce tombeau, dont nous retrouvons aussi l'étymologie dans le nom de Carnac, témoigne de l'ancienneté d'une présence humaine à Carnoët.

À la fin du XIXe siècle, on répertorie à Carnoët deux menhirs de trois et cinq mètres de haut et cinq tumulus, dont celui de Saint-Gildas. De l'époque celte,

La fontaine celtique

en contrebas de la chapelle, se situe une fontaine (classée en 1972), que la tradition populaire nomme "gauloise". L'eau qui sort de sa source aurait la vertu, dit-on, de "guérir" les animaux. Le Pardon de septembre perpétue cette tradition séculaire avec la présentation de chevaux et autres équidés.

Vorgium (nom latin de Carhaix d'aujourd'hui), ville carrefour de l'occupation romaine, avait déterminé des points de surveillance pour les voies de communication. Trois voies romaines passent par Carnoët. En 1959, M. Giot, directeur général des Antiquités, reconnaît près de la chapelle, en contrebas de la "montagne", *« les substructions d'une villa gallo-romaine avec conduits hypocaustes »*, confirmant ainsi une présence sédentaire romaine proche du site. Que la butte ait pu servir d'observatoire est une hypothèse très probable. Quant à celle d'un "camp romain", nulle réalité historique ne la confirme, malgré l'observation sur le terrain, en 1931, d'un enclos bien structuré [cf. schéma ci-contre].

L'ÉPOQUE MÉDIÉVALE

Au fond de la chapelle, on peut voir un sarcophage mérovingien à loge céphalique (niche pour la tête). Quelle est l'origine de ce sarcophage, sachant que la fabrication de ces réceptacles

s'arrête au IXe siècle ? Le saint, qui repose aujourd'hui à Saint-Gildas-de-Rhuys y a-t-il séjourné temporairement, lui ou ses reliques ? Ces questions restent posées...

LA MOTTE FÉODALE

Tumulus, oppidum, motte... La position dominante du site a toujours été un point stratégique de surveillance et de défense.

Les mottes castrales ou féodales (si rattachées à un fief) sont des buttes artificielles qui constituent la base des premiers châteaux de bois médiévaux entre l'an 1000 et 1250. On ne connaît pas la date de construction de celle dite de Saint-Gildas.

Les dessins ci-dessous, de 1931, constituent le document le plus ancien sur les fortifications d'origine.

© Musée des manoirs bretons (Bulat-Pestivien)

Maquette d'une motte féodale

L'épaulement de terre à gauche de la motte notifié en 1874 a disparu en 1931. Sur le dessin, le fossé est en partie comblé par cette terre. À droite de la motte, les fortifications de la première enceinte ont été arasées dans les années 1970.

Ci-dessous, coupe du parc Menez bian que l'abbé Jouan décrit comme "un camp romain"

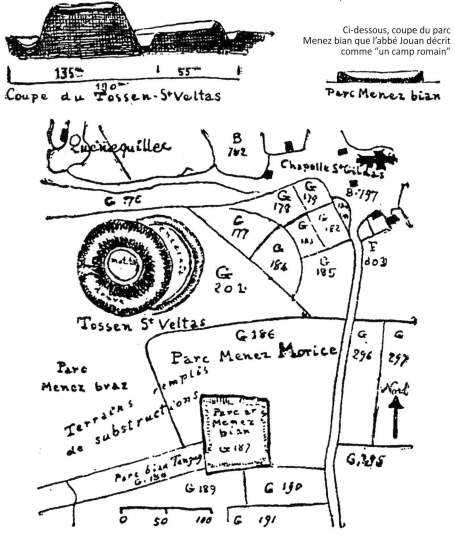

Dessins exécutés par le vicomte Frotier de La Messelière en 1931

NANT:CONTRA DINA NTES: ET:CVNAN:C

Il ne reste plus de traces de la construction érigée dans le cratère, mais nous savons que la tour de guet en bois qui en occupait le centre était entourée d'une haute et solide palissade. Le "château" était isolé des autres défenses par un profond fossé circulaire de cent vingt mètres de tour, fossé épaulé par un contrefort de terre de cinq mètres de haut et six mètres de large. Une passerelle amovible, ancêtre du pont-levis, en permettait l'accès. Comme nous pouvons le voir sur le plan, un premier ouvrage défensif en forme de croissant, de quatre-vingts mètres de long, avec talus et palissade était en avant-poste. Cet ensemble, selon l'historien Frédéric Morvan, *« dominait une enceinte rectangulaire en bois située à une centaine de mètre, d'origine sans doute gallo-romaine, qui comprenait écuries, habitations, chapelle et bâtiments agricoles »*.

Qu'en était-il des bâtiments religieux qui précédèrent la chapelle Saint-Gildas ? Où se situaient-ils dans la basse-cour du château ? Il ne reste de la configuration médiévale que la motte et son fossé, tous les autres vestiges de terre ont été détruits.

LES BRETONS CONTRE RICHARD CŒUR DE LION

C'est une réalité historique, une bataille a bien eu lieu sur le site : *« En Cornouaille, près la ville de Kaerhes »*, au début de l'année 1197. Sur place, quelques indices étymologiques : Guerzozic ou Kersaozon (le village de l'Anglais), Parc ar Veret (le champ du cimetière), mais surtout, l'oralité qui nous a transmis, de génération en génération, le lieu de la bataille : le Tossen Sant-Gweltaz – ou Veltas – (colline Saint-Gildas) à Carnoët. Les protagonistes : d'une part, une coali-tion de barons bretons défendant les droits de succession d'Arthur de Bretagne, fils de la duchesse Constance et de feu Geoffroy II de Bretagne ou Geoffroy Plantagenêt ; d'autre part, l'armée du roi d'Angleterre, Richard Ier dit Richard Cœur de Lion (oncle d'Arthur de Bretagne), composée en grande partie de mercenaires. Richard, suite à la mort de son frère, voulait s'emparer de son neveu pour en assurer la tutelle et ainsi rester maître de la Bretagne.

D'après certains historiens, la bataille fit 6 000 morts. Mais une chose est certaine, c'est la tombée de la nuit, précoce en janvier-février, qui sauva l'armée de Richard de la déroute totale.

Carnoët fut bien le théâtre d'une bataille importante, dont la victoire reste aux Bretons qui ont pu montrer ici leur capacité de mobilisation contre un adversaire redouté (voir ci-dessous).

LA BATAILLE DE CARNOËT

Pierre Le Baud, historien et chapelain de la duchesse Anne, rapporte un témoignage de source ancienne disparue. Sa rigueur d'historien reconnu et les précisions apportées quant aux protagonistes de cette bataille ne font pas douter de la véracité du récit. Il est écrit :

Richard nomma à la tête de « *l'exercite* » (l'armée) Robert de Turneham, sénéchal d'Anjou. Celui-ci était secondé par un chef de mercenaires ou cottereaux (de la cotte courte qu'ils portaient), du nom de Marchadet. « *Arrivant près de Kaerhes, ils trouvèrent là Alain, comte de Léon, avec les chevaliers et les hommes de Vannes, Cornouaille et Tréguier, qui leur barraient la route.* » La retraite leur était fermée par des Hauts-Bretons commandés par Alain de Dinan – Geoffroy de Fougères, Jean de Dol, Raoul de Montfort, Guillaume de Loheac, Alain de Châteaugiron – et des troupes de Guingamp, du Penthièvre et du Goëlo. « *Les Bretons ci l'assaillirent par grand force, il y eut entre eux dure bataille où il mourut grand nombre de cottereaux, leur gent de cheval se déconfirent.* » Sans doute le sénéchal abandonna-t-il ses mercenaires. Le Baud écrit : « *Marchadet et la plupart des cottereaux ne durent leur salut qu'à la nuit qui déroba leur fuite.* » On retrouve leurs traces aux batailles de Gisor, Aumale et sous les murs de Châlus, où Richard Cœur de Lion perdit la vie deux ans plus tard.

LA CHAPELLE

Nommée sur certains actes "chapelle de Monsieur Saint-Gildas" ou "chapelle du château", la chapelle actuelle n'a en fait jamais été contemporaine du "château". Elle a été construite par l'atelier de Philippe Beaumanoir, actif entre 1490 et 1520.

Nous pouvons nous rapprocher plus précisément de sa date de construction si l'on connaît la date de la bataille de Marignan, soit… En effet, les "gargouilles-canons" sont apparues après cette bataille. On peut donc la situer au tout début du XVIe siècle. Une restauration de son clocher porte la date de 1757.

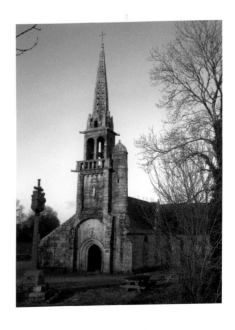

Le style Beaumanoir se caractérise par un clocher-mur avec contreforts sur lesquels s'appuie une tourelle d'escalier permettant l'accès aux cloches. L'abside à noues multiples (ou chevet à trois pans) est une autre particularité de ce style, que l'on peut découvrir à l'arrière de la chapelle. Placées aux angles, de curieuses gargouilles, à figure de chimères ou inspirées du règne animal, révèlent l'originalité et la liberté dans la créativité des sculpteurs de l'atelier morlaisien.

La chapelle fut classée monument historique en 1972, trop tard pour la sauver des pillards. Disparus le banc d'œuvres, la poutre de gloire, le retable... Seul rescapé de la statuaire : un ange polychrome. La pietà au pied de l'autel ainsi que le calvaire et la représentation de saint Gildas dans la niche de la façade sont de Fabrice Lentz, sculpteur de La Vallée des Saints.

La chapelle seigneuriale de Carnoët fut érigée sous l'autorité du seigneur de Rostrenen et Pont-l'Abbé. Cette seigneurie sera rattachée par mariage en 1626 au neveu du cardinal de Richelieu ; la chapelle restera la propriété de cette famille jusqu'en 1703. À cette date, Armand Jean du Plessis, petit-neveu du cardinal, revendra Carnoët (chapelle et motte comprises) pour 18 500 livres à Charles Fleuriot de Langle, le grand-père du navigateur

Sur cette photo du début du XXᵉ siècle, le banc d'œuvres aujourd'hui disparu et le sarcophage mérovingien.

Collection Hamon, Guingamp
Environs de Callac. - CARNOËT
La Chapelle St-Gildas - Le banc d'œuvres, St-Gildas et son tombeau

mort en Papouasie avec Lapérouse. La prise de possession eut lieu les 19 et 20 décembre 1703. « *Le nouveau seigneur est conduit sur la montagne de Saint-Gildas, lieu et emplacement de l'ancien château de "Carnot", de là il descend dans la chapelle du château, nommée chapelle de Monsieur de Saint-Gildas, où lui sont montrées les armoiries d'argent à trois fasces de gueules chargées d'hermines, comme arme de Rostrenen* ». Cette famille Fleuriot de Langle gardera la seigneurie de Carnoët jusqu'à la Révolution. En 1780, on y dénombrait 1 500 communiants pour 2 300 âmes. En 2014, la commune ne compte plus que 770 habitants...

L'ÉPOQUE "MODERNE"

La motte féodale verra passer, au milieu du XIXᵉ siècle, les sociétés archéologiques très avides à cette époque de "vestiges gaulois". Au début du XXᵉ siècle, le site accueillera des "rassemblements néodruidiques" sous la férule du "barde" local, Taldir, François Jaffrennou. À noter que, selon certains auteurs, Sébastien Le Balp, chef de file de la révolte des Bonnets rouges de 1675, aurait harangué une dernière fois ses hommes sur le Tossen Sant-Gweltaz la veille de son assassinat à Poullaouen... Vérité ou légende ?

En 1997, Rémy Lorinquer, alors maire de Carnoët, aura l'excellente idée, salvatrice pour le Tossen, de faire acquérir le site par la commune. Il était temps, la seconde enceinte de la motte avait déjà été arasée par les tracteurs... Le but de Rémy Lorinquer, décédé en 2011, était de valoriser le patrimoine local, faire revivre une commune qui, en un siècle, aurait perdu près de 2 000 habitants... Et puis, en 2009, Philippe Abjean est arrivé avec ce qui n'était encore qu'un projet, un projet fou, La Vallée des Saints... Mais ceci est une autre histoire !

RÉFÉRENCES CONSULTÉES

Pierre Le Baud, *Chroniques de Bretagne* - L'abbé Jouan, *Monographie de Carnoët* - Yannick Hillion, *Les annales de Bretagne* - A.M.L. de Bussy, *Histoire de la petite Bretagne* ou *Bretagne Armorique* - Dom Morice, *Histoire de Bretagne* - Ogée, *Dictionnaire historique* - L'abbé Kermoulquin, *Les villes de Bretagne* - Bertrand de Born, *Sirvente* - *Les Cahiers du Poher* - *La revue du pays de l'Argoat* - Le site de l'Institut culturel de Bretagne.

GRANDS MÉCÈNES FONDATEURS - Entreprises

GRANDS MÉCÈNES - Entreprises et particuliers

À L'AISE BREIZH pour Padern/Patern (2009)

ARMOR LUX pour Ronan (2013)

Association COAT KEO pour Keo (2014)

BARON Pierrick, Ile de Groix, pour Tudi/Tudy (2014)

BOURGEOIS (M. et Mme) pour Briag/Briac (2015)

BRUNET Christine pour Trifin/Tréfine (2015)

CARRIER Claire (Mme) pour Kler/Clair (2011)

CLEC'H Marianne (Mme) pour Gwenn (2013)

CRÉDIT AGRICOLE DE BRETAGNE pour Samzun/Samson et Brieg/Brieuc (2009)

COURANT J-Y. (M.) pour Goneri (2015)

DAM.EC - Groupe IMÉRYS pour Konogan/Conogan (2012)

Famille COAT pour Berc'hed/Brigitte (2012)

Famille CHANTEAU-LE BOUR pour Herbod/Herbot (2010)

Famille De QUELEN pour Hern/Hernin (2010)

Famille HENRY-PIGNOREL pour Thumette/Tunvez (2015)

Famille LEBACLE-MEYER pour Million/Emilion (2013)

Famille LE LANN pour Kaduan/Caduan (2013)

Famille LE LEM pour Eodez (2015)

Famille LE SAINT pour Derc'hen/Derrien (2012)

Famille LORVELLEC pour Diboan (2014)

Famille MEN DU pour Brendan (2015)

Famille MONS pour Santig Du (2010)

Famille PHILIPPE-FOUQUET pour Turio/Thurien (2014)

Famille PLOUIDY pour Idi/Idy (2011)

Famille THEPAULT-BLAIZE pour Koupaïa/Coupaia (2012)

Famille TREGUER-SALAÜN pour Tujen/Tugen (2013)

Groupe LE DUFF pour Azenor (2015) et Konan/Conan (2015)

GUILLOUËT A. et F. (M. et Mme) pour Meen/Mewenn (2015)

Hôtel LE BRITTANY pour Erwan/Yves (2009)

HYPER U de PLANCOËt pour Luner/Lunaire (2013)

JUSTE RETOUR pour Merec (2014)

KAMPEXPORT INTERNATIONAL pour Paol/Paul (2009)

KERJOUAN-LORY (Les frères) pour Arzhel/Armel (2014)

KREBS G. (M.) pour Rioc (2015)

LA BISCUITERIE DES ILES pour Padrig/Patrick (2010)

LAGASSÉ COMMUNICATIONS ET INDUSTRIES pour Kaourintin/Corentin (2009)

LE CORRE M. (Mme) pour Gweltas/Gildas (2010)

MMC METAL FRANCE pour Winoc (2014) et Maudez (2014)

OLMIX pour Goustan (2015)

PAULIC J. (M. et Mme) pour Nolwenn (2014)

PERSON L. (M.) pour Jaoua (2014)

PHARMASTUCE pour Ivy/Yvi (2015)

SUPER U BELZ pour Kado/Cado (2013)

SUPER U BREST-KEREDERN pour Hoarne/Hervé (2011) et Edern (2014)

SUPER U CARNAC pour Korneli/Cornely (2013)

SUPER U LANDUDEC pour Tudeg/Tudec (2014)

SUPER U TRÉGASTEL pour Kireg/Guirec (2011)

U DU FINISTÈRE pour Malo (2009)

U DES CÔTES-D'ARMOR pour Eflamm/Efflam (2012)

UNICEM BRETAGNE pour le pied de Colomban (2015)

YPREMA pour Anna/Anne (2010) et Tudwal/Tugdual (2011)

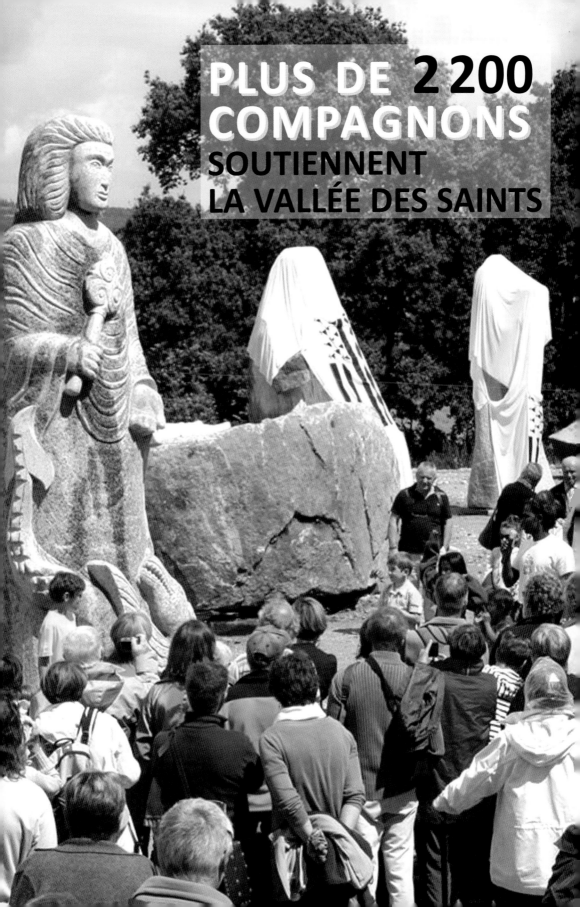

PLUS DE **2 200**
COMPAGNONS
SOUTIENNENT
LA VALLÉE DES SAINTS

Les Compagnons
de La Vallée des Saints

Au nombre de 2 200 aujourd'hui, les Compagnons sont les personnes et les entreprises ou associations qui ont donné et donnent toujours plus de réalité à La Vallée des Saints. Leur don, du plus modeste au plus important, bénéficie d'un droit à réduction d'impôts, l'association étant déclarée d'intérêt général à caractère culturel. Le lecteur trouvera en fin de brochure un bon de souscription pour l'une des sculptures en cours de financement. Il pourra aussi proposer un saint ou une sainte en faisant son choix parmi les centaines que compte la Bretagne !

CHANTIER DE SCULPTURE 2009

- **Brieg-**Brieuc : CRÉDIT AGRICOLE du Finistère (Quimper-29), CRÉDIT AGRICOLE des Côtes-d'Armor (Ploufragan-22), CRÉDIT AGRICOLE du Morbihan (Vannes-56), CRÉDIT AGRICOLE d'Ille-et- Vilaine (Rennes-35).
- **Erwan-**Yves : HOTEL LE BRITTANY (Roscoff-29).
- **Kaourintin-**Corentin : LAGASSÉ COMMUNICATIONS ET INDUSTRIES (Douarnenez-29).
- **Malo :** Les SUPER U du Finistère : Brest-Kéredern, Brest-Recouvrance, Camaret-sur-mer, Cléder, Combrit, Daoulas, Gouesnou, Guerlesquin, Landivisiau, Landudec, Lanmeur, Le Faou, Plabennec, Pleyber-Christ, Plobannalec-Lesconil, Plogonnec, Plouarzel, Plouénan, Plougastel-Daoulas, Plouzané, Pont-Croix, Pont-L'Abbé, Rosporden, Saint-Pol-de-Léon, Saint-Renan, Trégastel.
- **Padern-**Patern : À l'AISE BREIZH (Morlaix-29).
- **Paol-**Pol Aurélien : SOCIETE KAMPEXPORT (Saint-Pol-de-Léon-29).
- **Samzun-**Samson : CRÉDIT AGRICOLE du Finistère (Quimper-29), CRÉDIT AGRICOLE des Côtes-d'Armor (Ploufragan-22), CRÉDIT AGRICOLE du Morbihan (Vannes-56), CRÉDIT AGRICOLE d'Ille-et-Vilaine (Rennes-35).

CHANTIER DE SCULPTURE 2010

- **Anna-**Anne : SA YPREMA (Carhaix-Plouguer-29).
- **Gweltaz-**Gildas : Mme LE CORRE M. (Etampes-91).
- **Herbot :** M. et Mme CHANTEAU Y. et J. (Carantec-29), M. et Mme LE BOUR A. (Morlaix-29), M. et Mme LE BOUR R. (Carantec-29).
- **Hern-**Hernin : M. CATTA B. (Nantes-44), M. de BOISSOISSEL H. (St-Nicolas-du-Pelem-22), M. et Mme de MOUSTER Y. (Rennes-35), M. et Mme de MOUSTIER F. (Plumeliau-56), M. Jacques de MOUSTIER 1906-1976, M. de QUELEN P. (Villeneuve-12), M. de QUELEN S. (Paris-75002), M. de QUELEN J-L. (Constantia-Afrique du Sud), M. de QUELEN T. (Paris-75008), M. et Mme de QUELEN Y. (Paris-75008).
- **Hern-**Hernin : BISCUITERIE DES ILES (Belle-Isle-en-Terre-22).
- **Santig Du :** M. et Mme MONS M. (Saint-Vougay-29), Mme MONS M-F. (Carantec-29), Mme MONS M-C. (Saint-Vougay-29).

CHANTIER DE SCULPTURE 2011

- **Hoarne-**Hervé : M. MOREAU (Tréguier-22), SUPER U Brest-Keredern (Brest-29).
- **Idi-**Idy : M. PLOUIDY (Pleyber-Christ-29), M. PLOUIDY (Brest-29), Mme MERRET-PLOUIDY (Bodilis-29), Mme PLOUIDY (Lampaul-Guimiliau-29), M. PLOUIDY (Plouvorn-29), Mme PLOUIDY (Angerville-la-Campagne-27), M. PLOUIDY (Roscoff-29),M. PLOUIDY (Landivisiau-29), M. PLOUIDY (Marseille-13), Mme PLOUIDY (Founex-Suisse), Mme FOUQUE (Roscoff-29), Mme OLLIVIER (Vannes-56), Association de DEFENSE du PATRIMOINE et du CADRE de VIE de Plouigneau (Plouigneau-29), M. SARRAZIN et Mlle MICHAUT (Premanon-39), M. PARENTI (Simiane Collongue-13), M. et Mme PLOUIDY-MERRET P. (Bodilis-29), M. et Mme LE MER-PLOUIDY (Bodilis-29), M. et Mme PLOUIDY B. (BODILIS-29), M. et Mme PLOUIDY C. (Lampaul-Guimiliau-29), M. et Mme PLOUIDY B. Marchezais-28), Mme PLOUIDY Y. (Pleyber-Christ-29), Mlle PLOUIDY L. (Guipavas-29), M. PLOUIDY C. (Guipavas-29), Mlle SPAGNOL L. (Plounéour- Ménez-29), CG FRERES de PLOERMEL (Roscoff-29), Mlle ARMELLESCHI Cam. (Forcalquier-04), Mlle ARMELLESCHI Car. (Forcalquier-04), Mlle ARMELLESCHI Ce. (Forcalquier-04), Mlle SARRAZIN S. (Prémanon-39), M. PLOUIDY-MERRET A. (Bodilis-29), Mlle PLOUIDY-MERRET C. (Bodilis-29), M. LE MAT J.P. (Ploufragan-22), Mme PLOUIDY I. (Nyon-Suisse), M. PLOUIDY P. (Rennes-35).

● **KARANTEG-C**ARANTEC : M. et Mme DUMAS (Carantec-29), M. DENECE C. (Carantec-29), M. et Mme COUDURIER E. et M. (Carantec- 29), M. et Mme CHANTEAU Y. et J. (Carantec-29), M. et Mme VEZIER N. (Carantec-29), M. et Mme LE GALL Y. et R. (Carantec-29), M. LE DEROFF A. (Carantec-29), M. et Mme DI SINNO R. (Carantec-29), M. DUMAS N. (Paris-75008), M. DUMAS T. (Carantec-29), M. et Mme MESSAGER P. et A. (Carantec-29), Mme VALLOT A. (Carantec-29), Mme CALLOCH Y. (Carantec-29), Mme MOSTINI A.M. (Carantec-29), M. et Mme ROCHE J.Y. (Taulé-29), M. et Mme AUBÉ H. (Carantec-29), Mme BIZIEN M.C. (Carantec-29), M. et Mme KOENIG A. (Tubingen-Allemagne), Mme MEUNIER N. (Carantec-29), Mme JEZEQUEL A-E (St-Pol-de-Léon-29), Mme MESSAGER M. (Henvic-29), Anonyme (St-Pol-de-Léon-29), Mme DICK J. (Nice-06), M. et Mme GUILLERM G. et V. (Carantec-29), Mme PICHON Y. (Carantec-29), M. RUWET B. (Carantec-29) M. et Mme GUEGUEN J.G. et N. (Carantec-29), M. FLEURIOT de LANGLE D. (Paris 75015), M. LE SAINT J. (Carantec- 29), M. COMBOT J.P. (Carantec-29), Mme PERSON L. (Carantec-29), Anonyme (Briis Sous Forges-91), Anonyme (Carantec-29), Mlle MESSAGER M. (Carantec-29), Menuiserie BOHIC J.C. (Carantec-29), M. et Mme PRISER R. (Carantec-29), Mme CHARLES E. (Carantec-29), Mme DUMAS S. (Paris- 75016), Mme Du PENHOAT M.F. (Carantec-29), M. et Mme LAURENT J.L. (Carantec-29), M. CLEDIC G. (Carantec-29), Mme FISCHER J. (Carantec-29), M. POMMIER A. (Paris-75116), Mlle TILLY M. (Carantec-29), M. PEJOUAN A. (Carantec-29), Mme JOURDRAIN DE MUIZON M. (Carantec-29), Mme LE GAC-JAN F. (Carantec-29), Mme SIMON A. (Neuilly Sur Seine-92), M. et Mme LABROUSSE K. (Carantec-29), M. CHANTEAU J. (Carantec-29), Mme SEGALEN J. (Carantec-29), M. et Mme BEUZIT G. (Carantec-29), M. et Mme SALAUN Y. et M-T. (Carantec-29), M. et Mme de KERMENGUY A. (Carantec- 29), Mme BOGRAND FAURE J. (Saint-Cloud-92), Cabinet KERJEAN (Morlaix-29), Mme BECAM A. (Carantec-29), M. et Mme DENIS F. et C. (Carantec-29), M. et Mme DANTEC J. et M. (Carantec-29), Mme DEBLED J. (Carantec-29), M. et Mme VERHOSSEL J. (Henvic-29), Mme TUFFINLAGREE V. (Carantec-29), M. et Mme MADELIN G. et C. (Carantec-29), M. et Mme APPERE F. et M.C. (Carantec-29), Mme SAOUT M. (Perpignan-66), SARL TY FOURNIL (Carantec-29), M. et Mme CHAURIS L. (Brest-29), Mme POLINO S. et Mlle POLINO M-N. (Carantec-29), M. et Mme LAURENT J. (carantec- 29), M. et Mme LE POURHIET A. (Toulouse-31), Cdt et Mme BONNEFOUS R. et F. (Carantec-29), Contre-Amiral et Mme de GAYARDON de FENOYL J. (Paris-75015), ENSEMBLE PAROISSIAL Notre Dame de Callot (Carantec- 29), Mme ROUQUIER F. (Metz-57), Anonyme (Metz-57), M. MESSAGER Benoit (Carantec-29), Mme LE DUC F. (Paris-75015), M. VYSKOC J-C. (Carantec-29), M. et Mme KERVELLA P. (Carantec-29), M. et Mme GAC M. et F. (Carantec-29), M. ROUSSELOT F. (Fouesnant-29), M. et Mme MEUNIER G. (Carantec-29), M. et Mme LE BIAN J. et A. (Carantec-29), Mlle LE DOT F. (Carantec-29), M. et Mme de GOESBRIAND F. et B. (Carantec- 29), M. NICOLAS J. (Morlaix-29), Mlle VAILLAND D. (carantec-29), Mlle COUVRET M-C. (Carantec-29), M. et Mme OTTE R. (Karlsruhe-Allemagne), MC INTYRE M. (Crantock-Cornwall), SARL HOTEL de la BAIE de MORLAIX (Carantec-29), LIBRAIRIE LE LAY (Carantec-29), M. et Mme POMMELLET J. (Sèvres-92), Mme RIOU J. (Carantec-29), M. et Mme URIEN J-M. (Taulé-29), Mme BERTHOU M-C. (Carantec-29), Mme PINOTEAU Y.M. (Carantec-29), M. et Mme QUEMENEUR B. (Carantec-29), M. et Mme LE GAC M. (Carantec-29), M. et Mme FIORINA J-P. (Paris-75005), M. et Mme POUMEAU de LAFFOREST R. et A. (Plourin Lès Morlaix -29), M. LE GOFF Y. (Le Drennec-29), M. et Mme MESSAGER A. et M-C. (Carantec-29), M. et Mme L'HOUR E. (Carantec-29), M. BIZIEN R. (St Raphaël-83), Mme WARD M-C. (Co Sligo-Irlande), M. BAZIN H. (Carantec-29), Mme KRATZENMOITER J. (Carantec-29), M. et Mme SALAUN de KERTANGUY A. et I. (Carantec-29), M. et Mme de HUBSCH F. (Paris-75017), M. et Mme KERBASTARD P. et L. (Carantec-29), Comité de Jumelage du GRAND-SACONNEX (Suisse), M. et Mme BERNON J-P. et C. (Paris-75016), M. GREIG M. (Llandysul-Grande-Bretagne), M. LE BORGNE O. (Carantec-29), M. et Mme Bouttier P.et M. (Carantec), M. et Mme DE PARSCAU A. (Montagnieu-38), M. et Mme LE JEUNE J. (carantec-29), Mme BOUREL DE LA RONCIERE C. (Versailles-78), M. JOURDREN P. (Henvic-29).

● **KIREG-G**UIREC : SUPER U Trégastel (Trégastel-29), M. et Mme GUERNALEC-NEDELLEC R. et A. (Saint-Brieuc-22).

● **KLER-C**LAIR : Asso. BRETAGNE REUNIE (Nantes-44), Mme OLLIVIER (Vannes-56), M. SIMON (Couëron-44), Mlle CARLIER (Saint-Nazaire - 44), M. BLIN (Pornic-44), M. GICQUIAUD (Vigneux de Bretagne-44), M. et Mme RIVALLAIN (Vigneux-de-Bretagne-44), Renée (Dieppe-76), M. MATHIEU (Rospez-22), M. et Mme LEGAL Y. et J. (Guerande-44), Asso. la MAISON des PALUDIERS (Guérande-44), Mme Esnault M-F (St-Christophe-des-Bois-35).

● **TELO-T**HÉLO : M. et Mme PETILLON-HEMERY (Briec-de-l'Odet-29), M. LE MEHAUTE (Douvres La Délivrance-14), M. et Mme MEDANE -HEMERY G. et M.T. (Hillion-22), M. et Mme GUYOMAR (Bonneville-74), M. et Mme LE CLECH (Landeleau-29), M. et Mme HEMERY (Rennes-35), M. et Mme SALAUN-LE NY (Brest-29), M. et Mme BERNARD-LE GALL (Thiais-94), Mme LE DREAU (Landeleau-29), M. et Mme LE CLECH (Yutz-57), M. et Mme BRIS-ROUAT (Merdrignac-22), Mme TOUMELIN-LE CLECH (Arradon-56), M. et Mme LALLOUET (Landeleau-29), Mlle PETILLON G. (Quimper-29), Mlle PETILLON A. (Quimper-29), Mme RANNOU-LE NY (Landeleau-29), M. et Mme PERONNO-LE CLECH (Cléguerec-56), Mme CRAVEC-MIEN (Ploemeur-56), M. BLANCHARD (Plourin-les-Morlaix-29), M. NEUKIRCH (Bougival-78), M. NEDELEC (Collorec-29), M. LE GOFF (Landeleau-29), M. LE COENT (Landeleau-29), M. MOREAU (Landeleau-29), Biscuiterie Yannick (Landeleau-29), Mme LE GALL (CLEDEN-POHER-29), M. GUICHOUX (Boulogne Billancourt-92), Mme BLANCHARD (Rennes-35), Mme BORDALLO (La Bastide De Serou-09), M. FOUNAUD (Les Bordes sur Arize-09), M. et Mme AUTRET (Landeleau-29), M. et Mme COACOLOU (Landeleau-29), Mme LE BRAS (Plonevez-du-Faou-29), M. et Mme BALPE (Le Faouët-56), Mme MARZIN (Landeleau-29), Hôtel des Lices (Rennes-35), M. et Mme SARREAU et leurs 3 enfants (Landeleau-29), M. KERHOAS (Plouzané-29), M. BERNARD (Thiais-94), Mme MOAL (Landeleau-29), M. LE CLECH M. (Chateauneuf-du-Faou-29), Mme LE CLECH G. (Chateauneuf- du-Faou-29), M. et Mme LE DINAHET (Crozon-29), M. et Mme LE GUERN (BADEN-56), M. et Mme VAUTIER (Fouesnant-29), M. et Mme COM (Fouesnant-29), M. et Mme CANEVET (Lannion-22), M. et Mme PICHAVANT (Quimper-29), M. LAGADEC J. (Pontorson-50), Mlle SCIELLER (Paris-75005), M. et Mme LE CLECH Y. (Landeleau-29), M. et Mme LE CLECH JY (Landeleau-29), M. et Mme DURAND-MEDANE (Pleneuf-Val-André-22), M. LE NY

(Laval-53), Mlle QUERE (Landeleau-29), M. LE GOUEZ L. (Brest-29), M. et Mme MADEC R. (Quimper-29), M. LE CLECH M. (Cergy-95), Mme COM J. (Landeleau-29), M. et Mme ROCHER-RANNOU P. (Bois d'Arcy-78), Mme CAM G. (Bruxelles-Belgique), M. et Mme LARVOR JL (Plougastel-Daoulas-29), M. et Mme SIBERIL-MARZIN (Bruz-35), Mme JUSTAMANTE MF (Collorec-29), M. BARAZER M (Spézet-29), M. et Mme KERHOAS J. (Quimper-29), M. et Mme PUILLANDRE H. (Landeleau-29), M. PUILLANDRE A. (Landeleau-29), M. HEMERY P.Y. (Metz-57), M. et Mme MEDANE D. (St Aaron-22), Mme CHAMBAZ-HEMERY M.A. (Londres), M. et Mme HEMERY R. (Paris-75019), Mme LALLOUET Y. (Landeleau-29), M. et Mme SINQUIN-HEMERY L. (Laz-29), MME LE BAIL M.F. (Aix en Provence-13), Mme LE BAIL L. (Aix en Provence-13), M. GESTIN J. (Perros Guirec-22), M. et Mme AUTRET Y. (Landeleau-29), M. et Mme CRAS M. (St Quay Portrieux-22), Les Crêpes Délices de Landeleau (Landeleau-29), M. et Mme ROHOU M. (Quimper-29), M. et Mme COACOLOU J. (Quimper-29), M. MAHE P. (Landeleau-29), M. et Mme KERANGUEVEN (Quimper-29), Mlle RIVOAL M. (Paris-75015), M. LE CLECH P. et Mlle LE CLECH L. (Yutz-57), M. et Mme FONDBERTASSE R. (Jublains-53), M. et Mme GUEHENNEC J.P. (Landeleau-29), M. et Mme CORBEL H. (Elancourt-78), M. MELL T. (Spézet-29), M. MELL F. (Spézet-29), M. TROADEC C. (Carhaix-Plouguer-29), M. et Mme TROADEC R. (Carhaix Plouguer-29), M. et Mme CARO J. (Brest-29), Mme GESTIN J. (Landeleau-29), M. CORBEL A. (Landeleau-29), Mme GUYADER-CRAS M.F. (Quimper-29), M. et Mme BARON M. et leurs enfants (Landeleau-29), M. et Mme LE ROY M. et leurs enfants (Landeleau-29), Mme BETHENCOURT M. (Salles-47), Mme BALPE C. (Bannalec-29), M. COQUIL G. (Quimper-29), Mme QUENET H. (Landeleau-29), M. et Mme QUENET J. (Plonevez-du-Faou-29), Mlle ROSCONVAL M.C. (Carhaix-Plouguer-29), M. et mme CORBEL Y. (Ploudalmézeau-29), M. et Mme PICARD J.P. (Plouha-22), M. CORBEL Y. (Bruxelles), M. BALPE A. (Loperhet-29), M. et Mme RONDY M. et C.(Brest-29), Mlle PERON R. et M. BALPE D. (Brest-29), M. et Mme JAFFRE G. et M.(Fouesnant-29), SARL KERHOAS (landeleau-29), M. et Mme SALAUN M. et C. (landeleau-29), M. SALAUN L. (St-Segal-29), Mme SALAUN M.A. (Briec-29), M. et Mme SALAUN F. et B. (Perros Guirec-22), M. et Mme LARICI R. et R. (Landeleau-29), M. HEMERY M. (Chateauneuf du Faou-29), M. BLANCHARD-LE CLECH F. (Viroflay-78), M. BLANCHARD V. (Ch-Nyon, Suisse), M. et Mme LE BEC D. et C. et leurs enfants (Landeleau-29), M. et Mme PLANTEC H. et S. (St Yvi-29), Mlle N'GOM G. (Londres), M. QUENET François (Obernai-67), M. BERNARD P. (Paris-75011), M. et Mme KERHOAS L. (Versailles-78), M. et Mme CORBEL A. (Ploubezre-22), M. et Mme OLLIVIER R. et C. (Plouider-29), M. AUGUSTIN-BLANCHARD J. (Rosny-sous-Bois-93), Mme KERFERS-BIZOUARN A. (Montréal), M. et Mme OLLIVIER-HEMERY A. (Plouider-29), M. BARAILLER T. (Landeleau-29), M. et Mme LALLOUET-LE BRAS R. et M.L. (Chateauneuf-du-Faou-29), Mlle JAFFRE P. (Saumur-49), M. et Mme CORBEL S. (Villiers St Frederic-78), M. et Mme COCHENNEC Y. (St-Martin-des-Champs-29), M. et Mme GESTIN A. (Landerneau-29), M. et Mme GUERNALEC J.M. et M.C. (Gourin-56), Mme JAFFRÉ A. (Gif-sur-Yvette-91), M. et Mme COQUIL Y. (Chateauneuf-du-Faou-29), Mlle POHER Y. (Landeleau-29), M. et Mme LE QUILLEC-LE GUEN M. et G. (Plouzané-29), M. DUAULT B. (Landivisiau-29), M. et Mme ROUÉ M. et R. (Champigny Sur Marne-94), M. et Mme CORBEL J.Y. (Bois d'Arcy-78), Mme MARQUÈS-LE BAIL M.A. (Verac-33), M. et Mme CAMPO PAYSAA-BALPE A. et L. (Allonnes-49), M. et Mme BALPE H. et S. (Landeleau-29), M. GRALL J.R. (Eragny Sur oise-95), M. et Mme COUZIOU-TROMEUR P. et C. (Pessac-33), M. et Mme LEVIN-LE MOAL M. et M.N. (New-York-USA), Mme GUILLOU-GUICHOUX Y. (Carhaix-Plouguer-29), M. et Mme LE BIAVANT A. et C. (Landeleau-29), M. et Mme LE ROUX J. (Concarneau-29), Mlle LE BIAVANT A. (Landeleau-29), M. et Mme LE MAUX R. (Saint-Thélo-22), M. LE MAUX A. (Saint-Thélo-22), Mme LE MAUX A. (Saint-Thélo-22), M. LE MAUX P. (Saint-Thélo-22), M. et Mme LE BRAS C. (Treffrin-22), SARL GARAGE HOURMAN (Landeleau-29), Mme BERNARD-KERHOAS N. (Guerande-44), M. et Mme GUYOMAR L. (Meyzieu-69).

● **TUDWAL-**TUGDUAL : M. ROLLAND (Mael-Pestivien-22), M. LOGIOU (Lorient-56), M. GOURIOU (Nice-06), M. GUILLEMAIN- association BREIZH 2004 (Trégastel-22), M. et Mme BOURGEOIS (Trégastel-22), M. et Mme AR ROUZ (Plerin-22), M. TENAND (Pordic-22), M. et Mme PLEGADE (Carnoët-22), M. et Mme LOPEZ (Carnoët-22), Mme PLEGADES (Montady-34), M. et Mme BERNASSOLA (Illange-57), M. et Mme SENIOW-LE CARBOULEC S. et M-C. (Chateaubourg-35), M. ESNAULT (St-Christophe-des-Bois-35), Mme LE BOULCH (Carhaix-Plouguer-29), Mme BARDOUL (Ploufragan-22), M. et Mme LORVELLEC (Le Moustoir-22), Mme LE MINOUX (Langueux-22), Mme SCARABIN (CAVAN-22), Mme PIRIOU-MOREAU (Tréguier-22), M. MOREAU (Tréguier-22), M. SIMON (Villenave d'Ornon-33), Mme LENOIR (Carnoët-22), M. CAPITAINE (Marzan-56), Mme DELILLE (Tréguier-22), M. et Mme MAUFFRONT (Chatenay-Malabry-92), Mme CARLIER (Carnoët-22), M. et Mme LE SAINT (Pencran-29), M. et Mme AUFFRET J. (Cesson-Sévigné-35), M. et Mme CLEC'H P. et M. (Carnoët-22), M. MEYER J.L. (Noisy-le-roi-78), Société YPREMA (Carhaix-29), M. ROPERS E. (Minihy-Tréguier-22), M. VIGY XP. (Trémeven-22), M. et Mme JEGOU Y. (Le Mans -72), M. JACQUET X. (Carhaix-29), M. et Mme JACQUET D. et G. (Carhaix-29), TEKOHANANE (Chetro Ketl- New Mexico, USA), M. CUTTING B. (Albuquerque- New Mexico, USA), M. CUTTING B. (Albuquerque-New Mexico, USA), M. MOYSAN F. (Bodilis-29).

CHANTIER DE SCULPTURE 2012

● **BERC'HED-**BRIGITTE : M. et Mme COAT J. (Plouescat-29), M. COAT J-F. (Brest-29), M. et Mme CONSEIL J-L. (Plounévez Lochrist-29), Mme Yvonne PAPP (Milford Massachussets-USA), M. COAT J-L. (Brest-29), M. COAT P. (Brest-29), Mme COAT A-B. (Brest-29), Mme COAT C. (Brest-29), Mme GUILLEMAIN GOUPY N. (Paris-75016), M. et Mme LANCIEN-MARION P. et N. (St-Sulpice-La-Forêt-35), YPREMA (Carhaix-29), Mme COULOUARN I. (Callac-22).

● **DERC'HEN-**DERRIEN : M. LE SAINT et Mme LEIN (Pencran-29), M. et Mme GALLIOU (Commana-29), Mlle CASQUEVEAUX (Commana-29), Mme KERBRAT (Pencran-29), M. et Mme UGUEN (Pleyber-Christ-29), Mme LEIN (Paris-75), Mme LOUSSAUT

(Plougar-29), Mme RIOU (Pencran-29), M. et Mme PLOUZENNEC (Commana-29), M. et Mme PAVARD (Rochefort en Yvelines-78), Mlle HERVIAUX (Saumur-49), M. et Mme PEDEN J.F. (Commana-29), M. et Mme LEIN M. (Morlaix-29), M. ABDALLAH (Chantepie-35), M. LE SAINT F. (Saint-Renan-29), M. et Mme LOUSSAUT J.V. (plougar-29), Anonyme (Commana-29), Mlle PRIGENT L. (Commana-29), M. et Mme RODIER P. (Brest-29), M. et Mme MIRY A. et G. (Lanildut-29), Mme MANACH M.Y. (Commana-29), M. LE RU R. (Brest-29), Mmme LE BORGNE A. (Le Conquet-29), M. et Mme ROUSSILLON C. (Saint-Derrien-29), M. et Mme ELEGOET L. (St-Derrien-29), M. et Mme FOULET Anne (Quetigny-21), M. LE SAINT A. (Grezieu La Varenne-69), M. et Mme LE BER G. et J. (Saint-Pol-de-Léon-29), M. et Mme BONIZEC G.et L. (Plouedern-29), M. et Mme HELARY P. et Y. (Plourin-lès-Morlaix-29), M. et Mme INISAN F. et D. (Landerneau-29), Mme GUILLERM E. (Carhaix-Plouguer-29), M. et Mme ELLEOUET M. (Commana-29), M. et Mme DE MARCELLUS J. (Rennes-35), M. et Mme GALLIOU M. (Ste Radegonde-12), M. et Mme LONCLE R. (Ploubalay-22), Mme ZEBZDA-HELLARD E. (Limours-91), M. LE BOULCH P. (Lannion-22), Mme DERRIEN A. (Penvenan-22), M. et Mme PLEGADE-DERRIEN J-P. et C. (Carnoët-22), Mme LE BOULCH Y. (Carhaix Plouguer-29), SARL FLEURS D'AHES - M. LE BOULCH J-M. (Carhaix-Plouguer-29), M. et Mme CORBEL S. (Villiers-Saint-Fréderic-78), M. et Mme DERRIEN (Locquénolé-29), M. VAN HECKE A. (Commana-29), M. et Mme ABALAIN B. et Y. (Ploudiry-29), SA YPREMA (Carhaix-Plouguer-29), M. et Mme DERRIEN G. et J. (Minihy-Tréguier-22).

- **EFLAMM-**Efflam : Mme LE BOUDER D. (Paris-75018), M. BROBAND E. (Pluneret-56), M. GUILLEMAIN C. (Trégastel-22), M. et Mme LE BARS Y. (Carhaix Plouguer-29), M. et Mme DUMAS P. et A. (Carantec-29), Mme FLOCH E. (Plourin Les Morlaix-29), M. et Mme SABER C. et C. (Domont-95), SUPER U d'Erquy (Erquy-22), SUPER U de Plémet (Plémet-22), Mme BONHOMME L. (Lantic-22), SUPER U de Plancoët (Plancoët-22), SUPER U de Matignon (Matignon-22), M. et Mme BLOUET P. (Loudéac-22), SUPER U de Binic (Binic-22), SUPER U de Cesson (Saint-Brieuc-22), SUPER U de Plestin-les-Grèves (Plestin-Les-Grèves-22), HYPER U d'Yffiniac (Yffiniac-22), SUPER U de Plouer-sur-Rance (Plouer-sur-Rance-22), U Express de Plouaret (Plouaret-22), SUPER U de Merdrignac (Merdrignac-22), SUPER U de Trégastel (Trégastel-22), SUPER U de Saint-Brieuc (Saint-Brieuc-22), SUPER U de Loudéac (Loudéac-22), SUPER U de Saint-Nicolas-du-Pelem (St-Nicolas-du-Pelem-22), SUPER U de Tréguier (Tréguier-22), Mme MACHEREZ N. (Poissy-78), M. VILLARD M. (Nantes-44), SUPER U de Lanvollon (Lanvollon-22), SUPER U de Plouha (Plouha-22), SUPER U de Pleubian (Pleubian-22), YPREMA (Carhaix-Plouguer-29), M. et Mme L'HIGUINEN P. (Fontenay-le-Comte-85), M. et Mme RAULT J-F. (Guidel-56).

- **KONOGAN-**Conogan : DAM.EC - GROUPE IMERYS (Glomel-22), Mme BUDES A. (Plogoff-29), M. JEGU M. (Saint-Jean-la-Poterie-56), M. et Mme CAMIO J. (Carhaix-Plouguer-29), SA YPREMA (Carhaix-Plouguer-29).

- **KOUPAÏA :** CoupaiaM. et Mme THEPAULT-BLAIZE P. et C. (Carnoët-22), M. et Mme THEPAULT R. et A. (Carnoët-22), M. et Mme BURLOT J. (Tréglamus-22), M. et Mme LAFON C. et C. (Geveze-35), M. et Mme BLAIZE Y. et K. (Medreac-35), M. et Mme QUELENN P.et F. (Les Essarts Le Roi-78), M. et Mme NOHAIC E. et G. (Guingamp-22), M. et Mme LE PAGE G. et M.F. (Vezin Le Coquet-35), M. et Mme PAVARD Y. et M. (Rochefort en Yvelines-78), M. et Mme GOATER C. et M. (Plougonver-22), M. et Mme LE SOURNE-LOZAC'H M. et N. (Cleguerec-56), M. et Mme LOSSOUARN-LE BOULC'H M. et J. (Ploufragan-22), Mlle THEPAULT A. (Carnoët-22), Mlle THEPAULT A. (Carnoët-22), M. et Mme LE JEANNE G. (Carnoët-22), M. et Mme LE SAINT R. et M.A. (Pencran-29), M. BOCQUIER M. Lisle Sur Tarn-81), Mme COIC M.J. et M. LE ROUX B. (Carnoet-22), M. BURLOT J. (Carnoët-22), M. et Mme LORINQUER R. et A. (Carnoët-22), M. et Mme WOZNIAK P. (Corbreuse-91), M. GUILLOUX A. (Trébrivan-22), M. et Mme LE GALL-MORIN J-M. et R. (Pont-Melvez-22), M. LE PAGE M. (Vézin-Le-Coquet-35), M. LE PAGE T. (Vézin-Le-Coquet-35), M. et Mme LAMMENS R. et L. (Houville La Branche-28), M. et Mme METAYER C. et C. (Medreac-35), M. et Mme YTHIER P. et N. (Saint-Thégonnec-29), M. et Mme SCANZANO-GEFFROY P. et M. (Surzur-56), M. et Mme SEILLE J. et M-O. (Amiens-80), M. LE MEUR M.(Carnoët-22), M. BLAIZE F. (Cléguérec-56), M. LE MILBEAU R. (Callac de Bretagne-22), M. et Mme LOZAC'H Y. et B. (Plougonver-22), M. et Mme GUILLOUX-LOZAC'H A. et C. (Carhaix-Plouguer-29), Mlle AUBRY G. (Plouasne-22), M. et Mme BONNIER-ESNAULT Y. et P. (Medreac-35), Entreprise BREIZH CE (St Meen Le Grand-35), M. et Mme PARCHANTOUR J-P. et B. (Plougonver-22), M. et Mme P. et M. CLECH (Carnoët-22), M. et Mme PERENNOU J-Y. (Quimperlé-29), Mme MACHEREZ N. (Poissy-78), SA YPREMA (Carhaix-Plouguer-29), Association Vivre à Langoat (Langoat-22), M. ZAGWOCKY N. (Plouay-56).

- **MILIO-**Miliau : M. et Mme PLOUIDY L. (Roscoff-29), M. et Mme GAD L. (Lampaul Guimiliau-29), M. PLOUIDY P. (Rennes-35), M. et Mme GOURVIL M. et N. (Morlaix-29), M. LE BRIS H. (Daoulas-29), M. MADEC Y. (Bodilis-29), M. et Mme OLLIVIER Y. (Gouesnou-29), M. PERON A. (Lampaul Guimiliau -29), M. et Mme POULIQUEN J. (Lampaul-Guimiliau-29), M. et Mme KERMARREC M. (Guipavas-29), M. LE BIHAN P. (Roscoff-29), M. et Mme BATANY C. et G. (Brest-29), M. et Mme DUAULT H. (Quintin-22), M. LEMERY J. (Bois Guillaume-76), M. et Mme OISEL J-F. (Pordic-22), M. et Mme NEUDER M. (Ploumilliau-22), M. et Mme LARDILLET J-P. (Ploumilliau-22), M. et Mme DEMAZIERES J-M. (Dunkerque-59), M. et Mme HUON F. (Pleyber-Christ-29), Mme LE MARREC M-H. (Saint-Brieuc-22), M. LATIMIER H. et KERVELLA A. (Rennes-35), M. et Mme QUERE R. (Plouegat Guerand-29), Mme DELMEZ A. (Saint-Quentin-02), Mlle FOUQUE A. (Roscoff-29), M. CONAN L. (Quimper-29), M. CORRE Y. (Ploudaniel-29), M. et Mme GUEGUEN A. (Guimiliau-29), M. et Mme COUZIGOU P. (Pessac-33), Mme LE BRIS M. (Plonévez Porzy-29), Mme ROYER OTTOLINI M-G. (Plonévez Porzay-29), M. et Mme RIO M. (Pluméliau-56), Centre Leclerc (Landivisiau-29), M. GUEGAN A. (Ploumilliau-22), Mme HAREL C. (Guimiliau-29), M. et Mme RUVOEN J. (Perros-Guirrec-22), M. et Mme LE GLANIC J-N. (Maël-Carhaix-22), Mairie de Guimiliau (Guimiliau-29), SA YPREMA (Carhaix-Plouguer-29), M. et Mme HERVE P. et A. (Plérin-22).

- **T**REVEUR-**T**REMEUR : Mme FANER A.M. (Bourg La Reine-92), Mme BALEMME M.T. (Carhaix-Plouguer-29), M. et Mme LEMAITRE J.P. (Guerlesquin-29), M. et Mme TILLY E. (Guerlesquin-29), Mme GUILLOU J. (Guerlesquin-29), Mme GEFFROY C. (Guerlesquin-29), Mme TILLY Mar. (Guerlesquin-29), Mme GUEGUEN M.T. (Guerlesquin-29), Mme TILLY Mad. (Guerlesquin-29), Mme BUCHHOLZER D. (Guerlesquin-29), M. TILLY G. (Guerlesquin-29), Mme TILLY A.M. (Guerlesquin-29), M. BIDEAU H. (Rennes-35), Mme TILLY M. (Guerlesquin-29), M. et Mme TARDIVEL J-Y. (Plerin-22), Mme HUON N. (Guerlesquin-29), M. et Mme LE ROUX S. (Guerlesquin-29), M. BIDEAU H. (Guerlesquin-29), Mme BIDEAU M-F. (Rennes-35), M. TILLY J-C. (Guerlesquin-29), Anonyme (Carhaix-Plouguer-29), M. et Mme MICHON J-L. et M-C. (Marly Le Roi-78), Mme JUIFF A. (Guerlesquin-29), EARM MARC P. (Lanmeur-29), M. et Mme MORVAN T. (Guerlesquin-29), SARL JUIFF G. (Guerlesquin-29), EURL NICO-MORVAN (Guerlesquin-29), SUPER U - M. TILLY J-L. (Guerlesquin-29), SAUVAGET AGROALIMENTAIRE - M. SAUVAGET D. (Guerlesquin-29), OPTIQUE MICHARD - M. MICHARD S. (Baud-56), SNC PENE-Mme PENE A. (Guerlesquin-29), Optique du Roudour-Mme BOULANGER C. (Guerlesquin-29), M. et Mme BRIKAS N. (Paris-75013), M. et Mme GOARNISSON J-H. (Guerlesquin-29), Mme MORVAN M-L. (Carhaix-Plouguer-29), M. et Mme TILLY S. (Guerlesquin-29), M. PRONOST R. (Plourin-les-Morlaix-29), SARL OUEST SIGNAL (Morlaix-29), Pharmacie LE DOEUFF (Guerlesquin-29), M. LE GOFF J-M. (Guerlesquin-29), SARL UNVOAS PETIBON (Guerlesquin-29), M. et Mme BOURZEC J-Y. (Plouigneau-29), M. et Mme TILLY P-L. (Cholet-49), SARL LE GUERN (Plouigneau-29), M. RAGOT G. (Quimper-29), SARL TRANS-PORTS DU TREGOR (Guerlesquin-29), SARL TRANS NEGOCE TREGOROIS (Guerlesquin-29), M. TILLY M. (Guerlesquin-29), M. TILLY T. (Guerlesquin-29), Mme LE MANCHEC J. (Guerlesquin-29), M. et Mme HENRY A. (Loguivy Plougras-22), SARL KERIGONAN (Guerlesquin-29), M. et Mme RAOULT A. (Carhaix-Plouguer-29), SNC LE RELAIS DE BEG AR C'HRA (Plounévez-Moëdec-22), IMPRI-MERIE DU ROUDOUR (Guerlesquin-29), ASSO BOULOU POK ET TRADITION (Guerlesquin-29), M. TILLY R. (St Michel en Grève-22), Mlle TILLY M. et M. JEZEQUEL H. (Guerlesquin-29), Mlle TILLY S. (Rennes-35), M. et Mme COTTY G. (Breal sous Montfort-35), M. et Mme BOISNEAU L. (Brest-29), M. et Mme GEFFROY M. (Guerlesquin-29), M. QUELEN A. (Botsorhel-29), M. LE JEUNE A. (Quimper-29), M. LE GALL R. (Carqueiranne-83), M. MORVAN G. (Plouigneau-29), M. LE CORVEZ J-F. et Mlle PORS C. (Guerlesquin-29), Discothèque La Plantation (Plouisy-22), SARL Alain INIZAN (Guerlesquin-29), M. TILLY J-L. (Guerlesquin-29), M. TILLY G. (Herbignac-44), Association du Patrimoine (Guerlesquin-29), M. LE ROUX H. (Plestin-les-Grèves-29), M. TILLY Y-M. (Guerlesquin-29), SARL B2MH (Morlaix-29), M. TILLY H. et Mme TILLY BOURDON F. (Fontenay-sous-Bois-94), Club de Gymnastique (Guerlesquin-29), M. et Mme ROLLAND P. et D. (Carhaix Plouguer-29), Mme LE NAOUR A. (Carhaix-Plouguer-29), M. et Mme ESNAULT P. et M-F. (St-Christophe-des-Bois-35), M. SCHNEIDER M. (Sèvres-92), M. BALEMME C. (Vern Sur Seiche-35), SA YPREMA (Carhaix-Plouguer-29), M. QUEMENER J. (L'Isle-sur-la-Sorgue-84).

CHANTIER DE SCULPTURE 2013

- **G**WENN : M. et Mme LE GUEN P. et S. (Santec-29), M. PLOUIDY L. (Roscoff-29), M. LE GUEN C. (Roscoff-29), Club Féminin ETRS (Cesson-Sévigné-35), M. et Mme DEMAZIERES J-M. (Dunkerque-59), M. et Mme LE GUEN F. (Santec-29), M. DRUNEAU J-P. (St Nicolas de Redon-44), M. CUEFF G. (Plouénan-29), M. et Mme RONFLET J. (Ploudiry-29), M. et Mme LE ROUX F-Y. (Ploubazlanec-22), M. MINOR M. (Morlaix-29), M. et Mme LE GUEN M. (Santec-29), M. L'HOSTIS J-F. (Brest-29), Mlle PATROS S. (Lyon-69), M. et Mme ARMELLESCHI Ch. et Co. (Forcalquier-04), Mlle FOUQUE A. (Roscoff-29), M. ROUSSELOT J-P. (Saint-Martin-des-Champs-50), M. FORGET H. (Maël-Pestivien-22), M. BORDIEC Y. (Lannion-22), Mme PEYROMAURE P. (Cormeilles-en-Parisis-95), M. et Mme CORVEZ J-F. et G. (Carhaix-Plouguer-29), M. et Mme BRICOUT-MARCHAND C. et C. (Obies-59), M. et Mme BRICOUT-TROADEC et leurs enfants Enora et Erwan, M. et Mme BRICOUT-RAYNAUD et leurs enfants Augustin, Clément et Gaëlle, M. et Mme CRENNER T. et A. (Guingamp-22), M. et Mme CHANTEAU Y. et J. (Carantec-29), Anonyme (Côtes-d'Armor-22), M. et Mme CEVAËR J. (Pornichet-44), M. ARRIBARD G. (Bollwiller-68).

- **K**ADO-**C**ADO : M. YVINEC F. (Landeleau-29), M. CADO R. (Plouézec-22), M. et Mme COUZIGOU P. (Pessac-33), M. et Mme LE GALL B. (Carnoët-22), M. LAMANDE C. (Carnoët-22), Mme PLUSQUELLEC A. et Mme PLUSQUELLEC S. (Carnoët-22), M. et Mme ROBERT-SOULHOL M. et M. (La Brède-33), M. et Mme TOUDIC Y. et A. (Carnoët-22), Mme JUGON A-M. (Carnoët-22), M. HEUZÉ M. (Carnoët-22), Mme MONFORT I. (Carnoët-22), M. et Mme MACDONALD SMITH R. (Carnoët-22), M. GOURIOU L. (Runan-22), Mme LORINQUER A. (Carnoët-22), Mme ALLAIN T. (Plounévezel-29), M. TOUDIC A. (Carnoët-22), Mlle TOUDIC A-L. (Carnoët-22), M. CORNEC J-M. (Plouegat-Guerrand-29), M. CLEC'H E. (Carnoët-22), M. LE GUERN Y. (Plounévezel-29), M. et Mme PLUSQUELLEC G. et C. (Gurunhuel-22), M. et Mme GUEGUEN E. et M. (Carnoët-22), Mme DAVERAT C. (Carnoët-22), M. LE COZ L. (Carhaix-Plouguer-29), M. CHRISTOL R. (Montpellier-34), M. GUILLOSSOU F. (Plounévézel-29), M. LE MEUR M. (Carnoët-22), M. DAVERAT D. (Aire sur la Lys-62), M. LE PROVOST G. (Duault-22), M. et Mme BLUTEAU G. et A. (Trébrivan-22), M. et Mme BOSTOCK H. et K. (Carnoët-22), SUPER U de Belz (Belz-56), Mlle LOAREC C. et M. HENAFF J-L. (Carnoët-22), Mme BARBAROUX B. (Martigues-13).

- **K**ADUAN-**C**ADUAN : M. et Mme LE LANN C. et A. (Brennilis-29), M. et Mme LE SAUX J. et G. (Brennilis-29), M. et Mme BOULOUARN-LE LANN S. et G. (Brennilis-29).

- **K**ORNELI-**C**ORNELY : SUPER U de Carnac (Carnac-56).

- **L**UNER-**L**UNAIRE : HYPER U de Plancoët (Plancoët-22), M. et Mme LE SAINT R. et M-A. (Pencran-29).

- **M**ILLION-**E**MILION : M. et Mme LEBACLE J-Y. et N. (Palaiseau-91), M. et Mme MEYER J. (Spechbach Le Haut-68), Mme MACHEREZ N. (Poissy-78), M. DOMINIQUE Y. (Carhaix-Plouguer-29).

- **Riowen-Riom** : M. et Mme BAUMARD A. et M. (Plouézec-22), Mme KNOCHE Y. (Paris-75014), M. et Mme LE PANNERER Y. (Plouézec-22), M. et Mme MASSE J-M. et C. (Saint Cloud-92), M. et Mme ANTOINE J. (Plouézec-22), Mme BRIEND E. (Plouézec-22), M. et Mme JEGOU-NICOUX J. et J. (La Jarrie-17), M. FAURE J. (Billy-03), M. et Mme MOBUCHON R. et A. (Paimpol-22), M. et Mme BLOUET P. (Loudéac-22), M. GEFFROY L-N. (Lanvollon-22), M. VIDAMENT T. (St Jean de la Ruelle-45), M. et Mme COUSIN S. et P. (Orléans-45), M. et Mme RIVOALLAN R. (Plouézec-22), M. LE GRIGUER P. (Plouézec-22), M. et Mme COLLET P. (Hillion-22), M. PLANCHETTE M. (Plehedel-22), M. et Mme THOMAS J-C. et J. (Quemper Guezennec-22), M. et Mme PREVOT P. et E. (Nïmes-30), M. et Mme CADO R. et J. (Plouézec-22), Mme EMILLIANOFF DE GOGHNIEFF M. (Plouézec-22), Pharmacie KERBOETHAU (Plouézec-22), M. COURLAND R. (Paimpol-22), M. et Mme GUILLOUX Y. et B. (Paris-75015), Mme URBIN M. (Cergy-95), Intermarché de Plouézec (Plouézec-22), M. DROUIN J. (Jouy Le Moutier-95), M. et Mme ROUX-LE MAIGAT S. et M. (Paimpol-22), Mme QUEFFURUS A. (Plouézec-22), Intermarché de Paimpol (Paimpol-22), Mme LEBRETON H. (Plouézec-22), M. et Mme ODIN B. et M. (Plouézec-22), M. BAUMARD C. (Plouézec-22), Mme CORNELIUS M-E. (Ploubazlanec-22), M. et Mme LE PANNERER V. et V. (La Montagne-97), Mme LALLEMANT D. (Paimpol-22), M. et Mme PAKLEPA J. (Lantic-22), M. ALLAIN-DUPRÉ P. (Ploubazlanec, île de Saint Riom-22), M. et Mme GUILLEMETTE J. et M-L. (St Martin de Fontenay-14), M. et Mme GUEZOU H. et M-L. (Plouézec-22), M. et Mme AVRIL J. (Plouézec-22), M. et Mme CHARLÈS R. (Plouézec-22), M. et Mme PRIDO F. (Plouézec-22), M. et Mme BODIN J. (Aubigny-sur-Nère-18), M. et Mme BAUMARD L. et S. (Paimpol-22), M. et Mme DUBUISSON P. et F. (Plouézec-22), M. et Mme RUITER S. (Plouézec-22), M. RABIN Y. (Plouézec-22), M. GORIN J-M. (Amiens-80), Association Plouézec Animation (Plouézec-22), Mme PARCOU M. (Plouézec-22), Mme BEAUREPAIRE N. (Neuilly sur Seine-92), M. LEVEL P-Y. (Plouézec-22), M. et Mme NGUYEN THE T. et L. (Nantes-44), M. et Mme LAIR J. et Y. (Kerfot-22), Mme GUEZOU M. (Plouézec-22), Mme BELLEUX G. (Paris-75016), M. et Mme LE TROCQUER L. et M. (Plouézec-22), Mme BATEL Y. (Plouézec-22), M. et Mme PORQUET D. (Paris-75017), M. et Mme LAMIRAULT M. et M. (Suresnes-92), Franck GARNIER OPTIQUE (Paimpol-22), M. BRICOLAGE (Paimpol-22), Armel Galerie-Yann LE BOHEC (Paimpol-22), BRICOMARCHÉ (Paimpol-22), M. et Mme RICHARD J. et Y. (Plouézec-22), M. et Mme LEBACLE J-Y. et N. (Palaiseau91), Mme KERFANT M. (Plouézec-22), Mme GOURIOU M-F. (Plouézec-22), M. LE GRIGUER L. (Plouézec-22), M. et Mme PRUDHOMME G. (Domont-95), M. et Mme LE COZ Y. (Bourges-18), Ferme Marine Paimpolaise (Paimpol-22), Mlle BOCHER I. (Ploubazlanec-22), M. et Mme BAUMARD L. et K. (Cascais-Portugal), M. COJEAN M. (Paris-75006), M. JORIS M. (Argenteuil-95), Mlle LARMET G. (Plouézec-22), Mme THEODON C. (Clermont-ferrand-63), M. GUILLOU J. (Nouméa - Nouvelle-Calédonie), Mme FAHUET J. (Plouézec-22), Mme BANIER M. (Plouézec-22), M. et Mme GUERIN (Paris-75015), Mlle LAROQUE B. (Paris-75017), Mme LAROQUE-TOUSSAINT A-M. (Paris-75009), M. et Mme BAUMARD H. et C. (Lausanne - Suisse), M. et Mme L'YVONNET G. et A. (Plouézec-22), M. L'YVONNET O. (Saint-Maximin-83), M. et Mme DERVILLY J. (Paimpol-22), M. et Mme LE TROCQUER J. (Plouézec-22), Mme DEHON MENEZ M-A. (Plouézec-22), Mlle GLEHEN C. (La Richardais-35), M. et Mme HELLEQUIN M. (La Baule-44), M. et Mme ROBIN M. et D. (Plouézec-22), M. et Mme RAOUL G. et M. (Ploubazlanec-22), M. et Mme PIRIOU-COURSON A. (Plouézec-22), Mme JOUANNEAU C. (Paris-75017), M. DES COGNETS C. (Ville d'Avray-92), Mme CORBEL N. (Plouézec-22), Mme LE TROCQUER D. (Plouézec-22), Mlle LE TROCQUER L. (Plouézec-22), Anonyme (Plouézec-22), M. et Mme FOUCHER G. et A. (Plouézec-22), Mme ALLARD M. (Thaire-17), M. et Mme COZIC M. (Aigrefeuille d'Aulnis-17), M. et Mme CARTIER G. et C. (La Jarrie-17), M. JEGOU C. (Plouézec-22), Mme BOUTBIEN M. (Lanloup-22), M. BOISSEAU P. (Triel sur Seine-78), M. SEBILLE KERNAUDOUR H. (Paimpol-22).

- **Ronan** : Mlle QUERE (Logonna-Daoulas-29), M. FORICHER (Brest-29), M. RENE (Carhaix-29), Mme BODENES (Landerneau-29), Mme SOTY (Crozon-29), M. Le Dinahet (Crozon-29), Mlle BALEMME (Carhaix-29), M. et Mme MOREL (Plomeur-29), M. CASTEL (Saint-Pol-de-Léon-29), Mme FER (Poullaouen-29), M. POCREAU (Huelgoat-29), M et Mme PRIGENT (St-Nazaire-44), M. et Mme LE COZ (Ploumoguer-29), M. et Mme HAJAS-GRAF (Paris-75), M MOYSAN (Brest-29), Mme BIZIEN (Carantec-29), M. BLIN (Pornic-44), M. et Mme BOULANGER (Plounevezel-29), M. et Mme PINSEC (Plounevezel-29), M. MINGUY (Boulogne-Billancourt-92), An HENAFF HASKOET (Locronan-29), M. et Mme BAUDOUIN C. (Osse-35), M. LE HENAFF H. (Locronan-29), M. LEON J.B. (Paris-14e), M. et Mme ENGELMANN J.L. (Locronan-29), M. et Mme CAROFF F. et M. (Quimper-29), EARL HUITOREL (Cleden Poher-29), M. KERFORNE J. (Pluguffan-29), Mme VOINSON C. (Chavagne-35), M. et Mme HEMERY J-Y. (Thorigné Fouillard-35), M. et Mme ROUSSELOT F. (Fouesnant-29), Mme THOMAS Y. (Cergy-95), Mme HAUMONT M. (Getigne-44), M. KERROUREDAN R. (Plozévet-29), M. et Mme LE BRUN M. (Lanvollon-22), Mme BOHEC-VICENTE A. (Ris-Orangis-91), M. et Mme MEDANE-HEMERY G. et M-T. (Hillion-22), Armor Lux (Quimper-29).

- **Tujen-Tugen** : F.M.T. (Lannilis-29)

CHANTIER DE SCULPTURE 2014

- **Arzhel-Armel** : Mme ROPERS A. (Minihy-Tréguier -22), M. et Mme ARMELLESCHI Ch. et Co. (Forcalquier-04), M. SIMON L. (Couëron-44), M. et Mme ROUXEL J-F. et A. (Meslin-22), Association Ar Vammenn (Belz-56), M. ROBIN P. (Montbonnot-38), Les frères KERJOUAN-LORY (Ile d'Arz-56, Paris, Lorient-56).

- **Diboan** : M. et Mme LORVELLEC J. (Le Moustoir-22), M. et Mme RAGO P. et L. (Saint Maclou-27), M. et Mme CLAUDE A. (Carhaix-Plouguer-29), M. Le Bec Hubert (Le Moustoir-22), M. LE FÈVRE R. (Carhaix-Plouguer-29), Mme GUEGAN M-F. (Maël Carhaix-22), M. et Mme LORVELLEC D. et M. (Plévin-22), M. BRIAND G. (Lorient-56), M. BIAN T. (Beaupuy-31), M. FERCOQ R.

(Glomel-22), M. et Mme JEGOU R. (Plévin-22), M. OLLIVIER Y. (Le Haut Corlay-22), Mme TALEC M. (La Forêt Landerneau-29), M. et Mme WEISBEIN H. et M-C. (Paris-75012), M. LE DREFF M. (Plévin-22), M. LE MAITRE L. (Carnoët-22), M. et Mme LE SCOUARNEC J-Y. (Priziac-56), M. LE GUELLEC J-Y. (Plevin-22), Espace Emeraude (Cleden-Poher-29), M. et Mme LE BIHAN H. (Paule-22), M. et Mme CROISSANT F. et M. (Carhaix-Plouguer-29), Transports Cars Croissant (Carhaix-Plouguer-29), M. LE FUR M. (Quintin-22), M. RICAUD H. (Le Plessis Bouchard-95), M. et Mme LE FUR J. (Pont-L'Abbé-29), Mlle LORVELLEC A. (Plévin-22), Mlle LORVELLEC M. (Plévin-22), M. LORVELLEC A. (Vannes-56), M. RIOU J-F. (Carhaix-Plouguer-29), M. et Mme CZARKOWSKI K. et A. (Plélauff-22), M. et Mme BRIAND J. et Y. (Carhaix-Plouguer-29),DUJARDIN BRETAGNE S.A. (Le Moustoir-22), M. GUERNALEC P. (Châteaulin-29), M. et Mme GUENEGOU G. (Callac de Bretagne-22), M. et Mme GUICHARD Y. (Treffrin-22), M. et Mme YAOUANC J-F. et A. (Plévin-22), S.A.S. LOUMA (Rostrenen-22), M. CORBEL P. (Sainte Trie-24), M. CORBEL F. (Sainte Trie-24), M. JEZEQUEL D. (Gourin-56), Garage A.C.B. (Carhaix Plouguer-29), M. LE FUR C. (Le Kremlin Bicètre-94), M. et Mme LE FUR M. (Paris-75013), Mme LE GUELLEC C. (Saint Brieuc-22), M. LE GUELLEC E. (Plévin-22), Mlle LE GUELLEC L. (Plévin-22), Mlle LE GUELLEC A. (Plévin-22), M. LE GUELLEC G. (Plévin-22), M. Glâtre L-P. (Ploufragan-22), M. Glâtre H. (Ploufragan-22), M. Glâtre L. (Ploufragan-22), Mme LONCLE P. (Ploufragan-22), SARL LE MANACH (Carhaix Plouguer-29), Groupama de Rostrenen (Rostrenen-22), Groupama de Maël Carhaix (Maël Carhaix-22), Groupama de Plounévez Quintin (Plounévez Quintin-22), M. BESTAUX A. (Saint-Brieuc-22), Mme RIZZON B. (Saint-Brieuc-22), M. LE GOFF F. (Nantes-44), M. LE FUR P. (Paris-75014), M. LE GUELLEC B. (Plévin-22), M. JOSSE J. (Plédran-22), M. LORVELLEC P. (Vannes-56), M. et Mme WEISBEIN M. (Paris-75006), M. et Mme LORVELLEC J. (Trégastel-22), M. GALLIOT P. (Plerin-22), M. et Mme GAUTIER F. (Le Moustoir-22), Mme HERVE P. (Plerin-22), M. et Mme GIQUELLOU J. (Languidic-56), M. GOUBIL H. (Kourou-97), M. et Mme KERGOZOU DE LA BOISSIERE J. (Paule-22), Mme COLEOU C. (Plévin-22), M. et Mme GUILLOU F. (Langonnet-56), M. et Mme GOUBIL R. (Plévin-22), SARL LA TATIANA (Plévin-22).

● **EDERN :** SUPER U Brest Keredern (Brest-29), Mme CHAGNON J. (Poissy-78).

● **GUEN :** M. et Mme LE GUEN P. et S. (Santec-29), MMC METAL France (Orsay-91), M. DANION P. (Carvin-62), M. et Mme LAVOLLOT A. (Erdeven-56), Mme MORGAN J. (Plusquellec-22), M. et Mme MORVAN F. (Loguivy de la Mer-22), M. et Mme DUBOIS D. (Pontivy-56), M. et Mme ARZEL H. et A. (Brest-29), M. et Mme LE BRIS J. (St Lyphard-44), MME GOURIOU M-F. (Plouézec-22), Mme ROPERS Y. (Plaine Haute-22), Mme GENOUD A. (Prez-vers-Sivimez-Suisse), M. PICARD D. (Carhaix-Plouguer-29), M. LEBAILLY G. (Bois-Colombes), M. ROPARS Y. (Pont Melvez-22), M. TATARD R. (St Avé-56), Mme FER J. (Poullaouen-29), M. KERLEGUER J-P. (Concarneau-29), M. et Mme TOULLEC D. et N. (Carnoët-22), Mme CREPIN M-Y. (St Grégoire-35), M. et Mme THEPAULT-BALIZE P. et C. (Carnoët-22), Mme ROHMER G. (Pluguffan-29), M. PLASSART H. (Colombes-92), M. BLANCHET L. (Palaiseau-91), M. et Mme DAVODEAU P. et M. (Morlaix-29), M. et Mme CLOEREC L. (Vannes-56), Famille GALLON (Fougères-35), M. et Mme LEBACLE J-Y. et N. (Palaiseau-91).

● **GWENOLE-**GUÉNOLÉ **:** M. et Mme FER (Plougasnou-29), Mlle GLOUX (Pleneuf-Val-André-22), Mlle FOUCAT (Pommerit-le-Vicomte-22), M. LEFEUVRE (Montgermont-35), M. et Mme BROBAND G. (Squiffiec-22), M. GARREC J-Y. (Quemeneven (29), M. et Mme VEZIER N. (Carantec-29), M. et Mme COURBET J. (Locquénolé-29), M. et Mme POULIQUEN G. (Locquénolé-29), Mme SUBRA N. (Versailles-78), M. et Mme GUEGUEN D. (Taulé-29), M. et Mme CHESNEL J-F. et C. (Trégueux-22), M. HASCOËT J-P. (Ploubezre-22), M. GICQUIAUD P. (Vigneux de Bretagne-44), M. COSQUER D. (Saint-Pol-de-Léon-29), Mme GRIMAUD M-J. (Oudon-44), M. et Mme DERRIEN (Locquénolé-29), Mlle POSTIC C. (Locquénolé-29), M. et Mme GUEGAN L. (Plourac'h-22), M. et Mme LE MIGNON J. et S. (Locquénolé-29), Mme BIZIEN M-C. (Carantec-29), M. DENECÉ C. (Carantec-29), M. NICOL J-C. Ebeniste (Batz-sur-Mer-44), Mme LE SAUX F. (Quimper-29), Mme LISSILLOUR E. (Boulogne Billancourt-92), M. et Mme MARCHIX S. (Loudéac-22), M. et Mme OLGIATI P. et F. (Paris-16), M. et Mme LE ROUX P. (Plérin-22), M. CLERGEAU J. (Batz sur Mer-44), M. LE MÉHAUTÉ Y. (Gévezé-35), M. BARAZER G. (Caudan-56), M. et Mme DAVODEAU P. (Morlaix-29), M. et Mme DESPRES J. et A. (Plouhinec-56), M. CHATELIER P. (Batz sur Mer-44), Mme CHATELIER M-F. (Batz sur Mer-44), M. et Mme LE BASTARD F. (Erdeven-56), M. et Mme LE GALL H. (Ploumagoar-22), M. BONHOMME P. (Lantic-22), M. et Mme CORNEC J-P. (Lannion-22), M. MOYSAN F. (Pluguffan-29), M. et Mme LE FEUVRE C. et E. (Ploufragan-22), M. et Mme DENECHEAU M. et A. (Batz sur Mer-44), M. DEREPIERRE A. (Chassieu-69), M. et Mme LEHUÉDÉ J-R. (Batz-sur-Mer-44), M. LE GALL P. (Montfavet-84), M. BLANCHET L.M. (Palaiseau-91), Mme MARSAULT H. (Paris-75016), Mme LECLÈRE C. (Scaër-29), Mme CRÉPIN M-Y. (St Grégoire-35), M. et Mme BRIGANT P. (Douarnenez-29), M. et Mme OLLIVIER P. (Paimpol-22), M. HUITOREL P. (Plaisir-78), M. et Mme BOTHOREL P. et A. (La Méaugon-22), M. et Mme LE GARS E. (St Grégoire-35), M. et Mme BRIAND J. (Pontivy-56), M. et Mme LE BRAS R. (Brest-29), M. et Mme LE ROUX J. (Concarneau-29), M. et Mme THEPAULT P. et C. (Carnoët-22), M. BELLEC Gwenolé (Poullaouen-29), Anonyme, M. et Mme CADIEU G. (Angers-49).

● **JAOUA :** Mme JAOUEN D. (Saint-Renan-29), M. PERSON L. (Arradon-56), Mme GLINEC G. (Saint-Urbain-29).

● **KEO :** Mlle HENAFF G. (Scrignac-29), M. HEUZE M. (Carnoët-22), Mme COCHARD M-T. (Scrignac-29), M. et Mme GUEGUEN J.M.C.C. (Villepinte-93), Mme GOARNISSON S. (Scrignac-29), M. et Mme LE BOURHIS P. (Scrignac-29), M. LOZAC'H J-C. (Huelgoat-29), Mme HELARY J. (Bubry-56), Mme DINIZ Y. (Scrignac-29), M. et Mme CLOAREC J-P. et A-M. (Plougonven-29), M. et Mme GUEGUEN E. (Scrignac-29), M. GUYOMARC'H J. (Brest-29), M. et Mme MAO R. et C. (Irvillac-29), M. LENFANT J-M. (Bapaume-62), Association Paroissiale Notre Damde de Coat Keo (Scrignac-29), Mlle AUFFRET M. (Scrignac-29), M. et Mme LALLOUR J. (Scrignac-29), M. et

Mme DELEAU M. (Pacé-35), M. et Mme PLASSART R. (Eragny sur Oise-95), M. LE GUILLOUX D. (Scrignac-29), Mme TANGUY E. (Scrignac-29), Mme LE ROUX M. (Scrignac-29), Mme LE SCRAGNE A. (Scrignac-29), M. et Mme PAUL A. (Scrignac-29), M. et Mme PLASSART R. (Scrignac-29), Mme LE GUILLOUX N. (Scrignac-29), Mme GUILLOUX V. (Scrignac-29), M. LE MEUR M. (Carnoët-22), M. THOMAS B. et Mlle LE GUILLOUX S. (Scrignac-29), M. PLOUIDY L. (Roscoff-29), SARL ARTIMEN-LE PROVOST (Callac de Bretagne-22), Mme AUTRET M-J. (Plouigneau-29), M. et Mme PAUGAM M. (Lanneanou-29), Mme PERROT I. (Scrignac-29), M. et Mme FER J-P. (Scrignac-29), Mme ROLLAND C. (Scrignac-29), Mme MERRANT H. (Scrignac-29), Mme ROGUEZ E. (Scrignac-29), M. et Mme BROUSSEAU J-M. (Scrignac-29), M. et Mme GOUJON M. et V. (Kergloff-29), M. et Mme JAOUEN C. (Guerlesquin-29), Mme IMBERN M. (Scrignac-29), M. et Mme RAOULT M. et N. (Poullaouen-29).

●**MAODEZ-**MAUDEZ **:** Mme MAGALON A. (Guerlesquin-29), Mme TILLY M. (Guerlesquin-29), M. LANCIEN J-Y. (Guerlesquin-29), Mme FUSTEC-CROQ M-N. (Brest-29), M. et Mme TILLY Ga. et A-M. (Guerlesquin-29), Mme BUCHHOLZER D. (Guerlesquin-29), M. et Mme HELARY P. (Morlaix-29), Mme GUEGUEN M-T. (Guerlesquin-29), M. et Mme MORVAN Y. (Guerlesquin-29), Mme ROBICHON J. (Cesson-Sévigné-35), Mme LE QUÉRÉ S. (Guerlesquin-29), M. TILLY R. (Perros Guirec-22), La Crêperie de Brocéliande (Boisgervilly-35), M. et Mme LAHELLEC J. et L. (Guerlesquin-29), M. MORVAN Y. (Guerlesquin-29), M. et Mme KERAMOAL F. (Guerlesquin-29), M. et Mme COUZIGOU P. (Pessac-33), M. CARMES A. (Plouigneau-29), M. et Mme LEDUC R. et G. (Guerlesquin-29), Mme BALEMME M-T. (Carhaix-Plouguer-29), M. Kerleguer J-P. (Concarneau-29), M. ROUSSEL L. (Vigneux Sur Seine-91), SUPER U Guerlesquin (Guerlesquin-29), EURL NICO MORVAN (Guerlesquin-29), SARL KERIGONAN (Guerlesquin-29), M. et Mme GOARNISSON J-H. (Guerlesquin-29), M. OLAF G. (Rennes-35), M. REJAUD M. (Lanneanou-29), M. DILASSER O. et ses enfants Ewen et Marie (Botsorhel-29), Mme GUILLOU J. (Guerlesquin-29), Mme HUON N. (Guerlesquin-29), Mme TILLY M. (Guerlesquin-29), Mme JAOUEN M-A. (Guerlesquin-29), M. Kervellec G. (Botsorhel-29), Mme BONHOMME L. (Lantic-22), M. et Mme DUMAS P. et A. (Carantec-29), Mme TILLY M. (Guerlesquin-29), M. et Mme LE BERRE J-Y. et D. (Lézardrieux-22), M. et Mme RAULT J-F. (Guidel-56), M. et Mme LEBACLE J-Y. et N. (Palaiseau-91), M. COURANT J-Y. (Paris-75001), Mme LE BOUDER D. (Paris-75018), MMC METAL FRANCE (Orsay-91), M. et Mme JEAN M. (Theix-56), Mme VALAT O. (Le Juch-29), Mme ALLEN C. (Le Juch-29), M. et Mme COLLET P. et G. (Hillion-22)

●**MEREC :** JUSTE RETOUR (Saint-Gérand-56).

●**NOLWENN :** M. ROSMORDUC (Saint-Segal-29), M et Mme GALLIOU (Commana-29), M. et Mme CARLIER (Ploermel-56), M. ou Mme LE MELLEC (Lesneven-29), Maison "Notre Dame de Joie" (Berne-56), M. BOTHOREL (Paris-75), M. DELSALLE (Vannes-56), M. LOAEC (Lorient-56), M. GALLIOU (Fontenay-sous-Bois-94), M. et Mme HEMON B. et Y. (Lorient-56), M. LE MOUEL (Ploeren-56), M. et Mme BARON Y. (Vannes-56), M. et Mme MICAULT P. et N. (Champs sur Marne-77), M. et Mme LE BORGNE M. (Perdreauville-78), M. et Mme DE MONNERON E. et N. (Hennebont-56), M. MICAULT A. (Le Mans-72), M. et Mme BLOUET P. (Loudéac-22), M. FOUSSART P. (St Apollinaire-21), M. LE BAUT J. (Quimper-29), Gilles (Ploubazlanec-22), M. LEFEBVRE D. (Picquigny-80), M. et Mme MORVAN F. (Loguivy-de-la-Mer-22), M. et Mme PERENNES A. et C. et leurs enfants Killian, Marine et Melvin (Treffrin-22), M. PERENNES F. (Carhaix Plouguer-22), M. et Mme SOUBREVILLA D. (Fouesnant-29), M. BORDIEC Y. (Lannion-22), M. et Mme ROUXEL J-F. et A. (Meslin-22), Mlle ROUXEL N. (Meslin-22), M. et Mme DESPRES J. et A. (Plouhinec-56), M. et Mme LE PRIOL P-Y. (Fontenay aux Roses-92), M. et Mme LEMASSON J-P. et M-H. (Louannec-22), M. et Mlle DUPONT-LOYEZ D. (Lomme-59), Mlle PLANCHETTE A. (Vitré-35), Mlle PLANCHETTE M. (Vitré-35), M. et Mme PAJAUD T. (Villate-31), Mme BIGNARD-LE FOCH M-T. (Carhaix-29), M. et Mme BIGNARD H. et A-M. (Paris-75015), M. BLANCHARD T. (Batz-sur-Mer-44), M. et Mme PAULIC J. (Saint-Gerand-56), Mlle DE PENFENTENYO Nolwenn (Clohars-Carnoët-29), M. et Mme LE COLLEN F. (Pleurtuit-35), M. et Mme BERVAS R. et M. (Lesneven-29).

●**TUDEG-**TUDEC **:** Super U DE LANDUDEC (Landudec-29), Abbé POULHAZAN J. (Pouldreuzic-29), M. et Mme LE HENAFF P. (Guiler sur Goyen-29), M. CONAN Y. (Landudec-29), M. et Mme LE CORRE J-M. (Landudec-29), M. et Mme GENTRIC P. (Landudec-29), Abbé TROAL Y. (Langolen-29), M. et Mme LE CORRE R. (Landudec-29), M. et Mme LE GALL J-M. (Landudec-29), M. CONAN L. (Quimper-29), M. et Mme PERENNES J-Y. (Landudec-29), M. et Mme MOULLEC L. (Landudec-29), M. et Mme BESCOND J. (Landudec-29), M. et Mme KERVEILLANT A. (Plogastel St Germain-29), Mme NICOLAS Y. (Landudec-29), Mme YANNIC Y. (Landudec-29), Mme YANNIC F. (Landudec-29), M. KERAVEC A. (Landudec-29), Mme KERIBIN I. (Landudec-29), M. et Mme KERVARREC J. (Landudec-29), M. et Mme KERGUILLEC T. (Landudec-29), Anonyme (Landudec-29), M. et Mme ROHOU A. (Landudec-29), Mme LE ROUX M. (Landudec-29), M. et Mme HENAFF J. (Landudec-29), Mme LE ROUX M. (Landudec-29), Mlle RONARCH N. et M. JONCOUR L. (Savenay-44), M. et Mme JONCOUR L. (Landudec-29), M. et Mme RIOU A. et A. (Landudec-29), Association de Saint Tudec (Landudec-29), M. PLUSQUELLEC P. (Gennevilliers-92).

●**TUDI-**TUDY **:** M. BARON Pierrick, Ile de Groix.

●**TURIO-**THURIEN **:** M. PHILIPPE Gilbert (Plogonnec-29), Mme PHILIPPE Annie (Plogonnec-29), M. PHILIPPE Erwan (Plogonnec-29), Mme FOUQUET-PHILIPPE Nathalie (Plogonnec-29).

●**WINOC :** MMC METAL France (Orsay-91).

CHANTIER DE SCULPTURE 2015

- **AZENOR** : GROUPE LE DUFF (Rennes-35).

- **BRENDAN** : Challenge Agriculture (Ambillou-37), M. et Mme LE FEUVRE C. et E. (Ploufragan-22), Mme DAVIS M. (Royaume-Uni), Mme LE GOUZOUGUEC-ROPARS A. (Plestin-Les-Grèves-22), Famille MEN DU (Vannes-56).

- **KOULMAN-COLOMBAN** (le pied de...) : Rault Granit (Louvigné du Désert-35), Carrières de Fréhel (Fréhel-22), Sarl Carrière de Peaule (Peaule-56), Carrières Lagadec (Plouedern-29), DAMREC (Paris-75007), DMO POINT P Bretagne (Nantes-44), BMV (Nantes-44), SOTHEROC (Rennes-35), CENTRAVENIR (Lanhélin-35), LUTINS INVEST (Trégastel-22), TOGETHER SC (Lannion-22), HENRY FRERES (La Chapelle Saint Aubert-35), LAFARGE BETONS FRANCE Agence Bretagne (Rennes-35), Granit d'Âtre (Saint James-50).

- **EODEZ** : M. et Mme LE LEM M. et B. et leurs enfants, Servane, Briz, Tifen et Haude (Mayenne-53), Mme GOUGEON E. (Angers-49), Mlle LE LEM S. (Coesmes-35), M. LE LEM B. (Mayenne-53).

- **GONERI** : M. COURANT J-Y. (Paris-75).

- **KONAN** : GROUPE LE DUFF (Rennes-35).

- **MEWENN-MEEN** : M. JEGU (St Jean La Poterie-56), M. BLIN (Pornic-44), Mme ESNAULT (ST CHRISTOPHE DES BOIS-35), M. COURGEON (Piré-sur-Seiche-35), M. et Mme BLAIZE-LAGADEC Y. et K. (Medreac-35), Mme GICQUEL F. (Vincennes-94), M. et Mme ROUX R. et G. (Paimpont-35), M. et Mme LEROY P. et L. (Bry sur Marne-94), M. LAGOUTTE J-L. (Rennes-35), M. et Mme GUILLOUET A. et F. (Vannes-56).

- **RIOC** : M. KREBS G. (Meudon-92).

- **TUNVEZ-THUMETTE**: M. et Mme HENRY J. (Quimper-29), M. et Mme LEFEBVRE C. et M-C. (Garancieres-78), M. et Mme LAURENT G. et O. (Montrouge-92), M. LABIDURIE M. (Penmarc'h-29), M. et Mme JANVIER G. (Loctudy-29), M. HEURTEL Y. (St Quay Portrieux-22), M. et Mme FAILLER J. et M. (Quimper-29), M. et Mme LABAERE-PLAN P. et B. (Beveren Leie-Belgique), M. et Mme MAURICE J. (Penmarc'h-Kérity-29), Mme LEFEBVRE N. (Montigny Le Bretonneux-78), Transports Marchadour (Cast-29), Mlle ROCHET A. (Grenoble-38), M. et Mme BOËNNEC C. (Penmarc'h-29), M. et Mme HERVE J. (Fontenay sous Bois-94), M. et Mme LEZIART J. et J. (Chantepie-35), M. et Mme JACQUES M. (Le Guilvinec-29), M. HUPPERTZ D. (Penmarc'h-29), Mme CRIQUET E. et M. CORRIEU G. (Canet en Roussillon-66), Mme LE BRENN M. (Penmarc'h-29), M. et Mme LE CORNEC Y. (Binic-22), M. et Mme BOCLAUD J-N. (Quimper-29), M. et Mme LE RHUN R. et C. (Penmarc'h-29), Mme HENRY A. (Quimper-29), M. MARCHE G. (Penmarc'h-29), M. et Mme CANEVET M. et V. (Penmarc'h-29), M. PORTAIS P. (Penmarc'h-29).

- **TRIFIN-TRÉFINE** *[initialement programmée en 2014, sculpture reportée en 2015, suite à un imprévu]* : BRUNET Christine (Rennes-35), Mme LECOCQ A. (Rennes-35), Mme LAFAY A. (Betton-35), M. LARVOR Y. (Plourac'h-22), M. et Mme THEPAULT P. et C. (Carnoët-22), Mlle CLOAREC C. et M. HENAFF J-L. (Carnoët-22), M. et Mme CRAM J. (St-Sébastien-sur-Loire-44), GRAVE Agnès et Emmanuel (Verrières Le Buisson-91), CHAUVEAU Claire et Eric (Albertville-73).

- **IVY-YVI** : M. BLEAVEC P. (Saint Yvi-29), M. et Mme COUZIGOU-TROMEUR P. et C. (Pessac-33), Mme MORVAN S. (Paimpol-22), M. et Mme LE GUEN L. (Pont-Aven-29), M. CARO Y. (Plourivo-22), M. et Mme JOLY J-P. et M. (Saint-Brieuc-22), Pharmacie Viv Erdre (La Chapelle sur Erdre-44), Pharmacie de la Motte (Chateaubriant-44), Pharmacie Paridis (Nantes-44), Pharmacie Perier (La Chapelle Basse Mer-44), Pharmacie Cap Nord (Redon-35), Mme MOUCHOUX N. (Voisins Le Bretonneux-78), Progress Conseil (Cession-Sévigné-35), M. et Mme MAUBOUSSIN A. et Y. (Fréhel-22), M. TREGOUËT Y. (Lanester-56), PHARMASTUCE (Redon-35).

CHANTIER DE SCULPTURE 2016

- **BRIAG-BRIAC** : Mme UCHIDA-ERNOUF (Paris-75017), Mme HIDRIO R. (Callac de Bretagne-22), M. CLAUSE D. (Vic sur Seille-57), M. et Mme BOURGEOIS G. et M-L. (Paris-75016), M. GOUPY J. (Paris-75016), M. PASLIER L. (Arradon-56), Mme PAGE C. (Chantepie-35), M. et Mme BIHOUEE J-M. (Pléneuf Val André-22), M. OLLIVRO J. (St Jacques de la Lande-35), M. DESJARS DE KERANROUË H. (Plouzané-29), M. LE MÉHAUTÉ Y. (Gévezé-35), Mme CREPIN M-Y. (St Grégoire-35), M. LE BRUN S. (Rueil-Malmaison-92), M. COURANT J-Y. (Paris-75001).

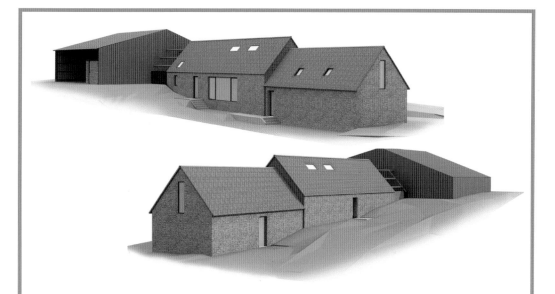

BÂTISSEZ AVEC NOUS
LE FUTUR DE LA VALLÉE DES SAINTS

Deux formules sont à votre disposition pour devenir
BÂTISSEUR DE LA VALLÉE DES SAINTS :

■ PARTICULIER : 300 euros bruts - 102 euros nets

Prix d'une part brute : 300 euros (102 euros nets une fois enlevée la réduction fiscale de 66 %).

Contreparties : inscription de votre nom dans la liste des Bâtisseurs de la Vallée des Saints qui sera installée dans ou à proximité du nouveau bâtiment + une invitation à l'inauguration du bâtiment + une visite guidée gratuite du site.

■ ENTREPRISE : 2 500 euros bruts - 1 000 euros nets

Prix d'une part brute : 2 500 euros (1 000 euros nets une fois enlevée la réduction fiscale de 60 %).

Contreparties : inscription du nom de votre entreprise dans la liste des Bâtisseurs de la Vallée des Saints qui sera installée dans ou à proximité du nouveau bâtiment + une invitation à l'inauguration du bâtiment + une visite guidée gratuite du site.

CONTACTS : Courriel : lavalleedessaints@gmail.com
Tél. : 06 42 63 69 70
(Sébastien Minguy, responsable administratif et financier)

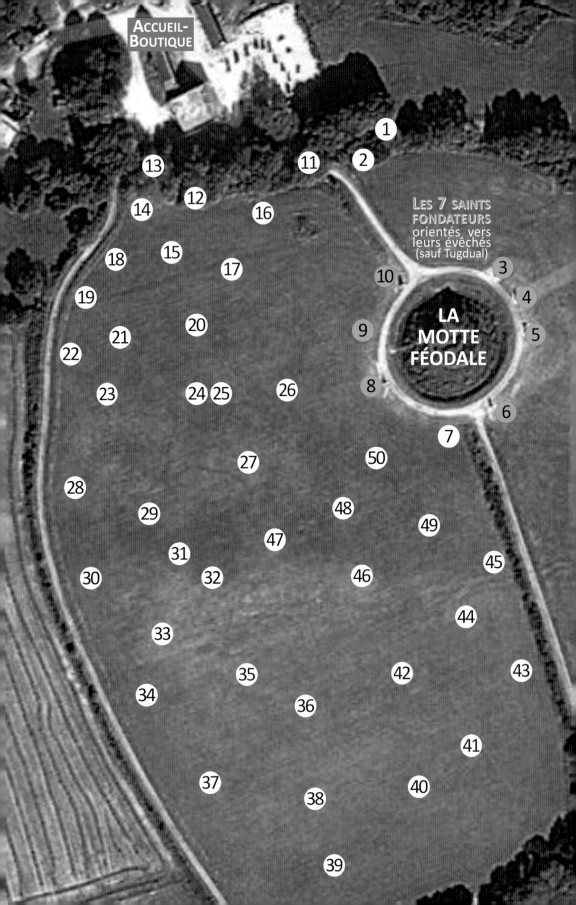